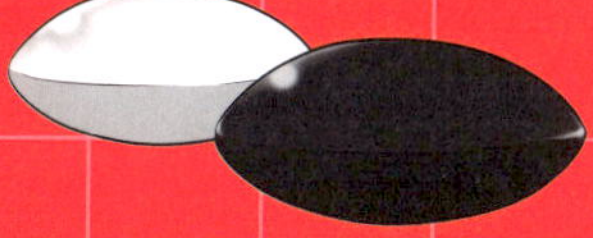

マンガでよくわかる
囲《い》碁《ご》入《にゅう》門《もん》

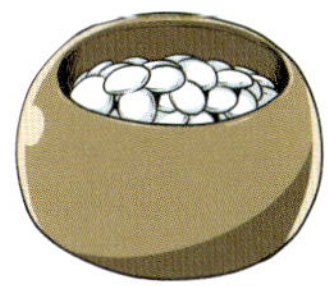

マンガでよくわかる
囲碁入門《いごにゅうもん》

もくじ

パート1 囲《い》碁《ご》ってどんなゲーム？ 5～34

碁石《ごいし》の持《も》ち方《かた》 …… 7
石《いし》を囲《かこ》むと取《と》れる …… 15
チャレンジクイズ1 …… 16
答《こた》え …… 17
着手禁止点《ちゃくしゅきんしてん》 …… 18
着手禁止点《ちゃくしゅきんしてん》の例外《れいがい》① …… 19
着手禁止点《ちゃくしゅきんしてん》の例外《れいがい》② …… 20
コウとは …… 21
コウの形《かたち》になったら① …… 22
コウの形《かたち》になったら② …… 23
対局《たいきょく》のマナー …… 27
チャレンジクイズ2 3 4 …… 33
答《こた》え …… 34

パート2 1局《いっきょく》の流《なが》れを見《み》てみよう 35～48

対局《たいきょく》の流《なが》れ① …… 38
対局《たいきょく》の流《なが》れ② …… 39
ダメとは …… 41
チャレンジクイズ5 6 7 …… 47
答《こた》え …… 48

パート3 石《いし》を取《と》るコツを学《まな》ぼう 49～74

石《いし》を切《き》る① …… 52
石《いし》を切《き》る② …… 53
相手《あいて》を隅《すみ》に追《お》いつめる① …… 55
相手《あいて》を隅《すみ》に追《お》いつめる② …… 56

味方《みかた》のいるほうに追《お》う① …… 58
味方《みかた》のいるほうに追《お》う② …… 59
ウッテガエシ① …… 63
ウッテガエシ② …… 64
チャレンジクイズ❽❾❿ …… 71
答《こた》え …… 72
チャレンジクイズ⓫⓬ …… 73
答《こた》え …… 74

パート4 生《い》き死《し》にをおぼえよう 75～106

石《いし》の生《い》き死《し》に① …… 82
石《いし》の生《い》き死《し》に② …… 83
チャレンジクイズ⓭ …… 84
答《こた》え …… 85
「いい形《かたち》」と「悪《わる》い形《かたち》」① …… 88
「いい形《かたち》」と「悪《わる》い形《かたち》」② …… 89
急所《きゅうしょ》をつくる① …… 91
急所《きゅうしょ》をつくる② …… 92
セキとは① …… 97
セキとは② …… 98
チャレンジクイズ⓮⓯ …… 105
答《こた》え …… 106

パート5 実戦《じっせん》で強《つよ》くなろう 107～125

布石《ふせき》① …… 112
布石《ふせき》② …… 113
終盤《しゅうばん》① …… 115
終盤《しゅうばん》② …… 116

囲碁《いご》の用具《ようぐ》と基本《きほん》のルール 126～134

囲碁《いご》の用具《ようぐ》と名前《なまえ》 …… 126
基本《きほん》のルール1 …… 128
基本《きほん》のルール2 …… 130
対局《たいきょく》の流《なが》れをおぼえよう …… 132
用語解説《ようごかいせつ》 …… 134

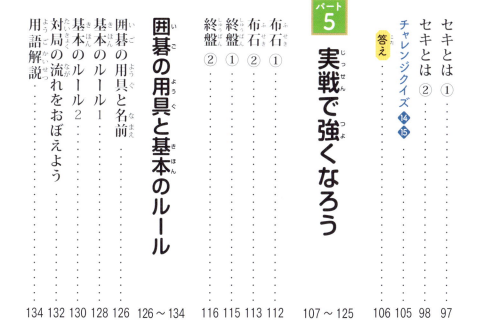

この本《ほん》を読《よ》めばきっと囲碁《いご》が好《す》きになるよ。さぁ、囲碁《いご》の世界《せかい》に飛《と》びこんでみましょう！

囲碁コラム

囲碁《いご》は国際的《こくさいてき》なゲーム……11
囲碁《いご》をやるといいことがたくさん……34
答《こた》えのない世界《せかい》を考《かんが》えるのが大事《だいじ》……42
囲碁《いご》を強《つよ》くなるには……46
問題集《もんだいしゅう》を解《と》いてみよう……67
マネすることからはじめよう……70
みんなで出場《しゅつじょう》しよう！ 小中学校《しょうちゅうがっこう》囲碁《いご》団体戦《だんたいせん》……104
目指《めざ》せ！ 小学生名人《しょうがくせいめいじん》……125

この本《ほん》の使《つか》い方《かた》

囲碁《いご》をはじめてみたい、興味《きょうみ》があるけどよくわからない人《ひと》たちのために「囲碁《いご》の用具《ようぐ》と基本《きほん》のルール」を巻末《かんまつ》（→ P126-133）で紹《しょう》介《かい》しています。まずはここから読《よ》んで、基本的《きほんてき》なことをある程度《ていど》理《り》解《かい》してからマンガのストーリーに進《すす》んでいってみてください。

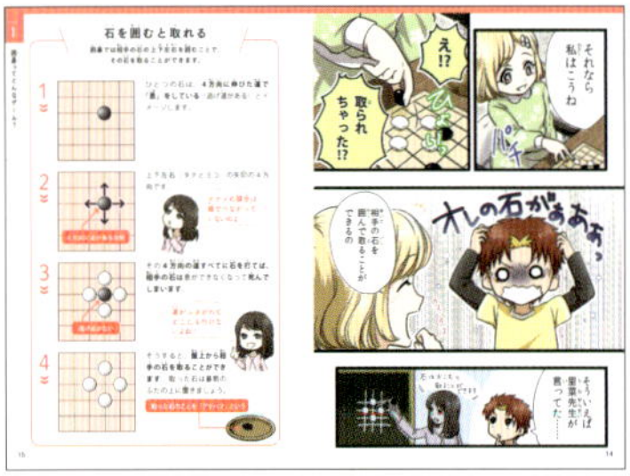

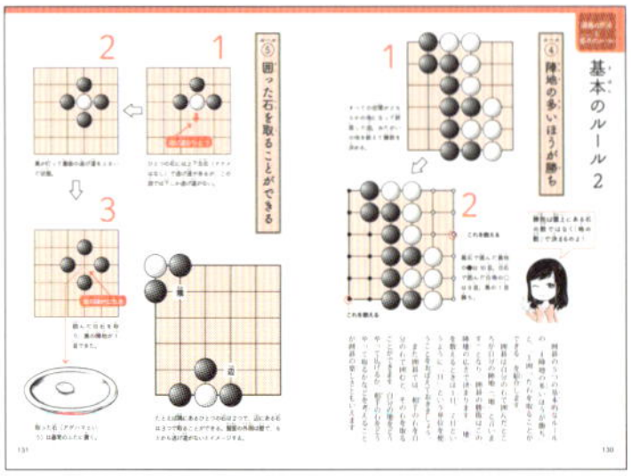

用具《ようぐ》の名前《なまえ》を確認《かくにん》したり、基本的《きほんてき》なルールをおぼえる。

マンガを読《よ》み進《すす》めながら学《まな》ぶ。疑問《ぎもん》が出《で》たら用語解説《ようごかいせつ》も使《つか》う。

パート
1

囲《い》碁《ご》って どんなゲーム？

藤沢《ふじさわ》里《り》菜《な》
女流《じょりゅう》本《ほん》因《いん》坊《ぼう》
日本の伝統文化に触れよう！
…そして『最後《さいご》にたくさんの陣地《じんち》を持《も》っているほうが勝《か》ち』というのが囲碁《いご》のルールです
それでは早速《さっそく》対局《たいきょく》してみましょう！
はーい
パチッ
嵐田《あらしだ》 綾鷹《あやたか》 11歳《さい》
通称《つうしょう》 アヤタカ
線《せん》の交点《こうてん》に黒《くろ》と白《しろ》が交互《こうご》に打《う》つんだから
次《つぎ》はオレの番《ばん》だよな！

うーーん
ふふっ
クスクス
花井《はない》咲《さき》 11歳《さい》
通称《つうしょう》 サキ
アヤタカくん
さっきから なぁに その持《も》ち方《かた》!
え
あのね
囲碁《いご》には 美《うつく》しい石《いし》の 持《も》ち方《かた》が あるのよ
碁石《ごいし》の持《も》ち方《かた》
手《て》の平《ひら》を広《ひろ》げ、人差《ひとさ》し指《ゆび》と中指《なかゆび》の間《あいだ》にはさむ。
親指《おやゆび》と人差《ひとさ》し指《ゆび》でつまむ形《かたち》は美《うつく》しくない。
ビシ!
どうせなら カッコいいほうが いいもんな!

パチ
こんな感《かん》じかな……
パチ
うーん…
んー……もう終《お》わりね
おっ そうなのか？
陣地《じんち》の多《おお》いほうが勝《か》ちなんだろ？
ガタッ
数《かぞ》えてみようぜ
黒《くろ》で囲《かこ》まれたところがオレで白《しろ》で囲《かこ》まれたところがサキの陣地《じんち》だから…
1、2…
オレの負《ま》けだ〜〜〜!!
うわぁあ〜
えへへやった！
すごい！
え？

サキちゃんはいつも碁《ご》をやってるのよね
はい
しゅん…
アヤタカくんははじめて?
そうだけど難《むずか》しくて負《ま》けちゃいました
ううん　ちゃんと囲《い》碁《ご》になってる!
アヤタカくんはすごいわ!
ビクッ
そ
そうですか⁉
ほら黒石《くろいし》が全部《ぜんぶ》つながっている
なかなかこんなふうには打《う》てないものよ
←利《き》き手《て》のほうに碁笥《ごけ》をおく
←ふたは碁笥《ごけ》の奥《おく》におく

私《わたし》もそう思《おも》いました
キョロ
キョロ
え?
え?
すごくしっかりしたところに打《う》つから……
いいやーーー
それほどでも!
ハッハッハッハッ
きっとすぐに強《つよ》くなるわよ!
オォーーッ

囲碁コラム

囲碁《いご》は国際的《こくさいてき》なゲーム

囲碁《いご》は世界《せかい》で約《やく》4000万人《まんにん》もの人《ひと》が楽《たの》しんでいるゲームです。囲碁《いご》は別名《べつめい》「手談《しゅだん》」とも呼《よ》ばれるように、一局《いっきょく》打《う》てば、言葉《ことば》がわからなくても気持《きも》ちが通《つう》じ、すぐ仲良《なかよ》くなって友《とも》だちになれます。中《ちゅう》国《ごく》や韓国《かんこく》のアジア圏《けん》はもちろん、アメリカやフランスなどの欧米《おうべい》にも、いつでも碁《ご》を打《う》てる場所《ばしょ》がありますし、今《いま》はインターネットを通《つう》じて24時間《じかん》、碁《ご》を楽《たの》しむことができます。

翌日《よくじつ》
2階 囲碁サロン
TEL 00-0000-00
こんにちは〜！
バーン
…アレ？
やべっ
シーン…
すごい緊張感《きんちょうかん》…
キミがアヤタカくんね！サキちゃんから話《はなし》は聞《き》いてるわ
私《わたし》がこのサロンの席亭《せきてい》（管理人《かんりにん》）よ
囲碁《いご》ははじめてなんですって？
あ　はい！よろしくお願《ねが》いします！
ペこ
負《ま》けました
ありがとうございました

サキ！
こら走るなっ!
タッ
ジャラ
ジャラ
アヤタカくん！
待《ま》ってたのよ
なあ さっそく
オレとやろうぜ！
うん！
ワクワク
お片付《かたづ》け
してからね
てつだう！
パチ
うーん……
こうかな？

それなら私《わたし》はこうね
パチ
え!?
ひょいっ
取《と》られちゃった!?
オレの石があああっ
相手《あいて》の石《いし》を囲《かこ》んで取《と》ることができるの
クスクス
そういえば里菜《りな》先生《せんせい》が言《い》ってた……
石はかこむと取ることができます

石《いし》を囲《かこ》むと取《と》れる

**囲碁《いご》では相手《あいて》の石《いし》の上下左右《じょうげさゆう》を囲《かこ》むことで、
その石《いし》を取《と》ることができます。**

1

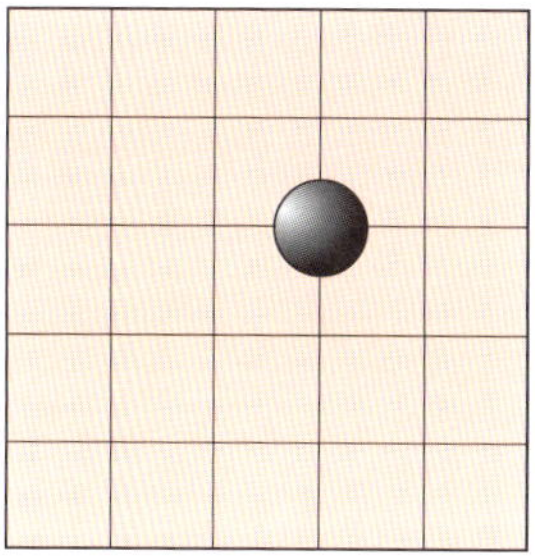

ひとつの石《いし》は、**4方向《ほうこう》に伸《の》びた道《みち》で「息《いき》」をしている**（逃《に》げ道《みち》がある）とイメージします。

2

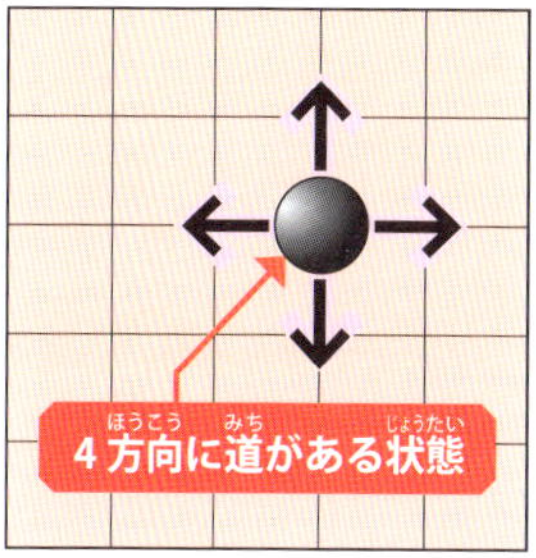
4方向《ほうこう》に道《みち》がある状態《じょうたい》

上下左右《じょうげさゆう》（タテとヨコ）の矢印《やじるし》の4方向《ほうこう》です。

ナナメの部分《ぶぶん》は
線《せん》でつながって
いないのよ

3

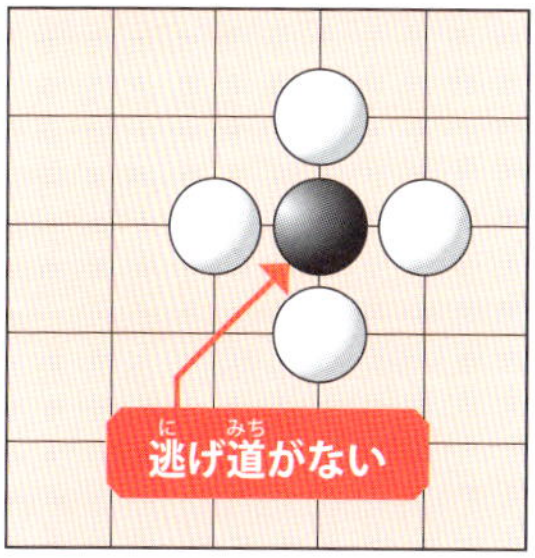
逃《に》げ道《みち》がない

その**4方向《ほうこう》の道《みち》すべてに石《いし》を打《う》てば、相手《あいて》の石《いし》は**息《いき》ができなくなって**死《し》んでしまいます**。

道《みち》がふさがれて
どこにも行《い》けな
いよね！

4

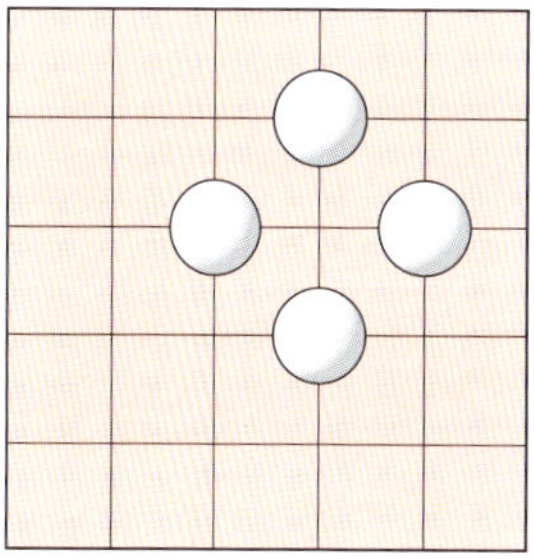

そうすると、**盤上《ばんじょう》から相手《あいて》の石《いし》を取《と》ることができます**。取《と》った石《いし》は碁笥《ごけ》のふたの上《うえ》に置《お》きましょう。

取《と》った石《いし》のことを「アゲハマ」という

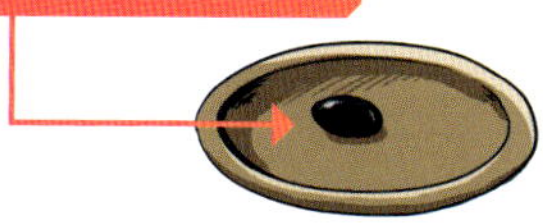

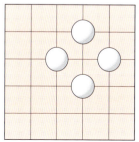

全問正解《ぜんもんせいかい》を目指《めざ》そう！

チャレンジクイズ 1

2つの白石《しろいし》を取《と》るには、黒石《くろいし》がいくつ必要《ひつよう》ですか？

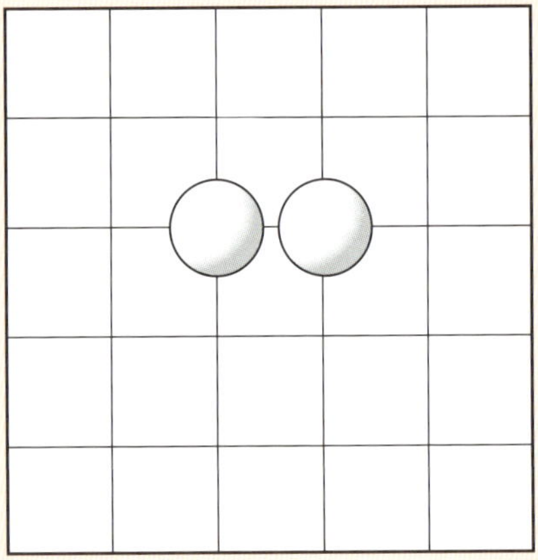

里菜先生《りなせんせい》からのヒント！

2つの白石《しろいし》が息《いき》をしている道《みち》のすべてに黒石《くろいし》を置《お》いてみましょう！

← 答《こた》えは17ページを見《み》てね

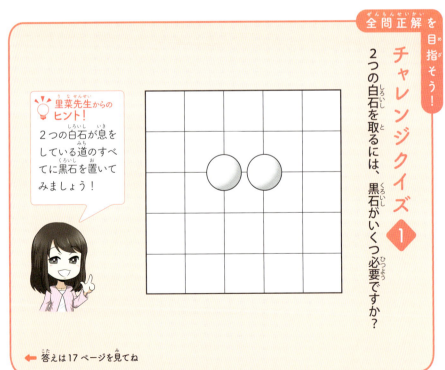

答《こた》え
チャレンジクイズ 1

失敗例《しっぱいれい》

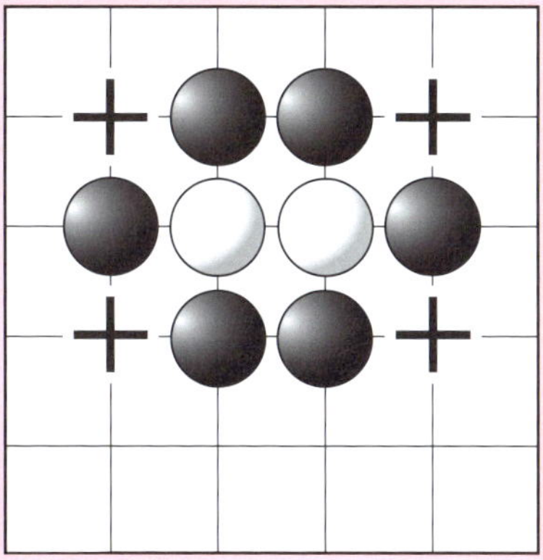

＋のところは白石《しろいし》とつながっていないので、黒石《くろいし》を置《お》く必要《ひつよう》はありません。

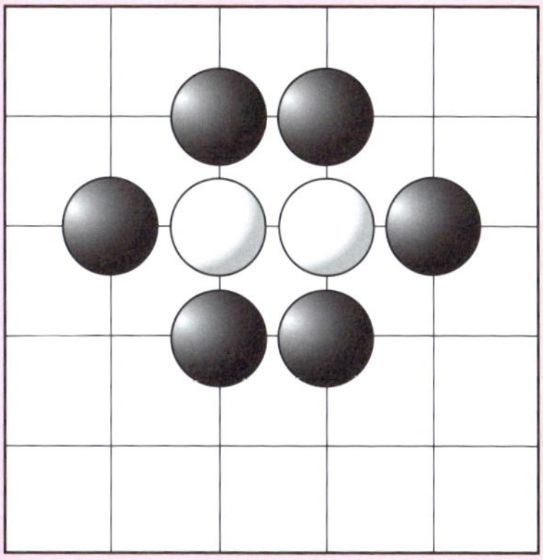

2つの白石《しろいし》が息《いき》をしている上下左《じょうげさ》右《ゆう》をおさえて取《と》るには、6つの黒《くろ》石《いし》が必要《ひつよう》です。

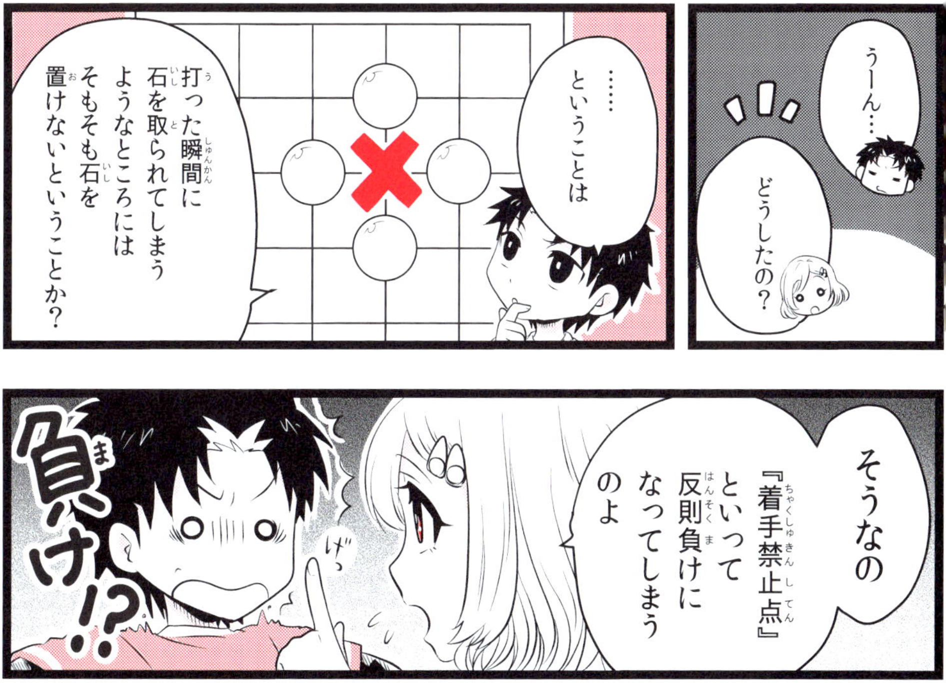
うーん…
どうしたの？
……ということは
打《う》った瞬間《しゅんかん》に石《いし》を取《と》られてしまうようなところにはそもそも石《いし》を置《お》けないということか？
そうなの『着手禁止点《ちゃくしゅきんしてん》』といって反則負《はんそくま》けになってしまうのよ
負《ま》け!?
げっ

着手禁止点《ちゃくしゅきんしてん》

相手《あいて》に上下左右《じょうげさゆう》を囲《かこ》まれていて、逃《に》げ道《みち》がない場所《ばしょ》へは打《う》ってはいけないというルールです。

1

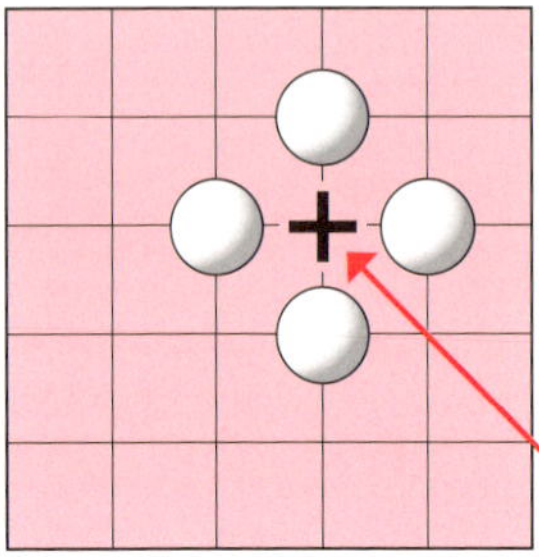

白《しろ》に囲《かこ》まれて取《と》られた形《かたち》

上下左右《じょうげさゆう》を囲《かこ》まれて黒《くろ》がひとつ取《と》られたあとの形《かたち》です。ここで黒《くろ》は＋に打《う》つと……。

2

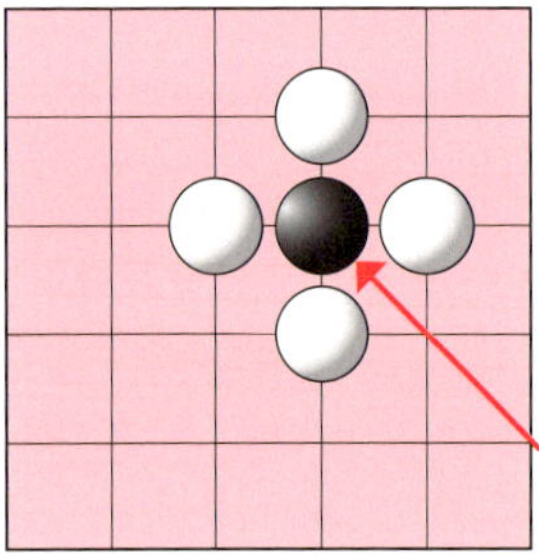

打《う》ってはいけない

これだと上下左右《じょうげさゆう》で息《いき》をする道《みち》がないので、打《う》ったとたんに取《と》られる形《かたち》になります。そのため**逃《に》げ道《みち》のないところは、最初《さいしょ》から打《う》ってはいけない**のです。

ただし、右《みぎ》のような形《かたち》なら白《しろ》は△には打《う》ってもいいのです。＋へ逃《に》げ道《みち》があるからです。

1

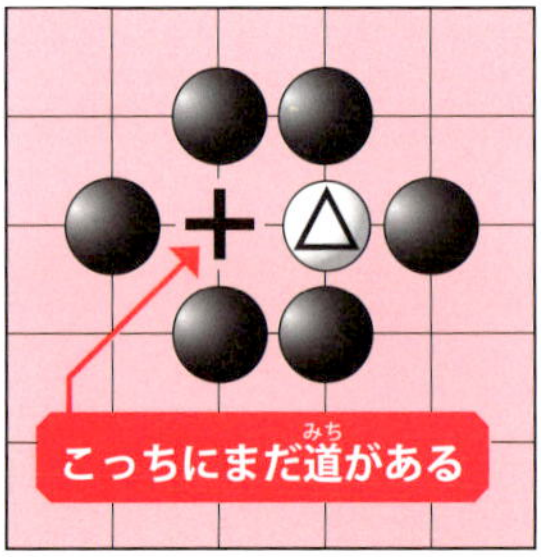

こっちにまだ道《みち》がある

つねに上下左右《じょうげさゆう》で息《いき》ができる道《みち》があるか注意《ちゅうい》しよう！

しかしこのあと白《しろ》が＋に打《う》つと、**2つの白《しろ》の逃《に》げ道《みち》がなくなるので、ルール違反《いはん》**になります。

2

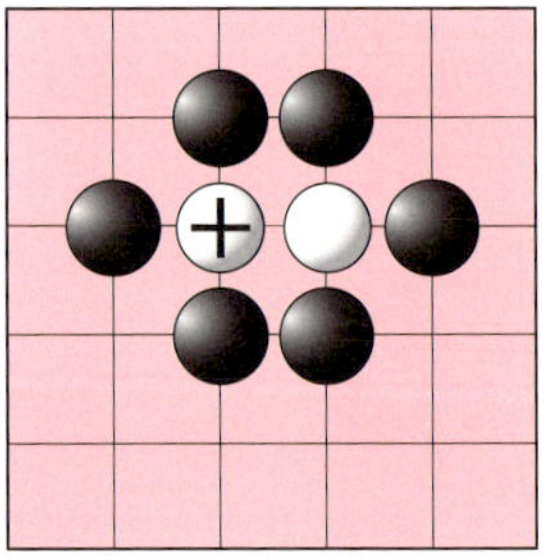

着手禁止点《ちゃくしゅきんしてん》の例外《れいがい》①

着手禁止点《ちゃくしゅきんしてん》には例外《れいがい》があります。
どのような形《かたち》なら打《う》ってもいいのか見《み》ていきましょう。

1

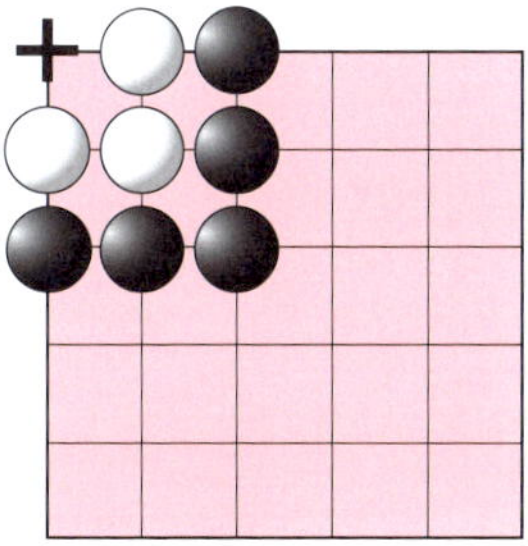

白《しろ》は＋に打《う》っていいでしょうか。＋に打《う》ったとき、**上下左右《じょうげさゆう》のどこかひとつでも息《いき》ができる道《みち》があるかがポイント**です。

2

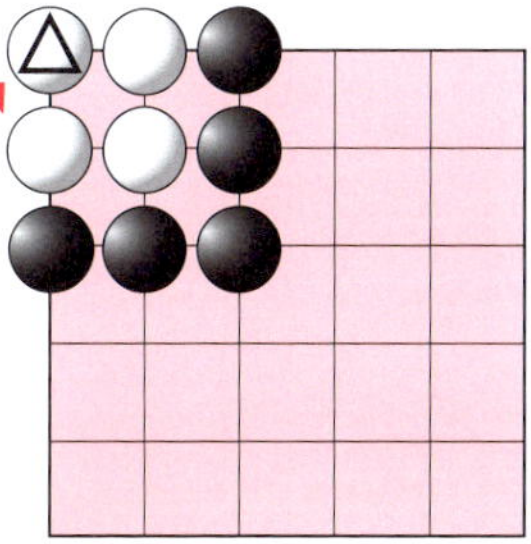

打《う》ってはいけない

白《しろ》が△に打《う》つと、逃《に》げ道《みち》がなくなりますので、**△はルール違反《いはん》**。**着手禁止点《ちゃくしゅきんしてん》**です。

では、白《しろ》ではなく、黒《くろ》は＋に打《う》つことはできるのでしょうか。

1

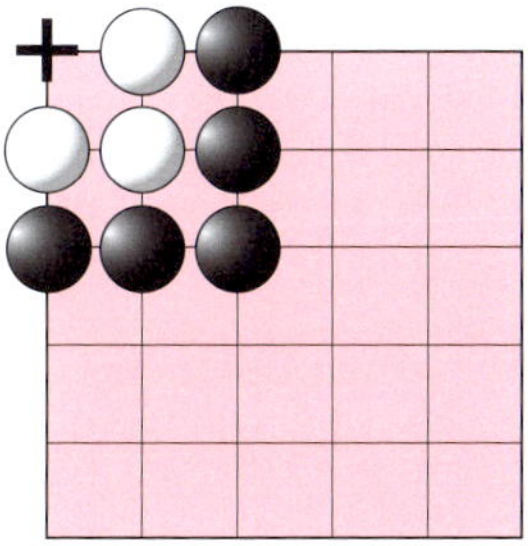

← 次《つぎ》のページにつづくよ

着手禁止点《ちゃくしゅきんしてん》の例外《れいがい》②

本来《ほんらい》は禁止《きんし》されている場所《ばしょ》でも、相手《あいて》の石《いし》を取《と》れるときは例外《れいがい》で打《う》っていいのです。

2

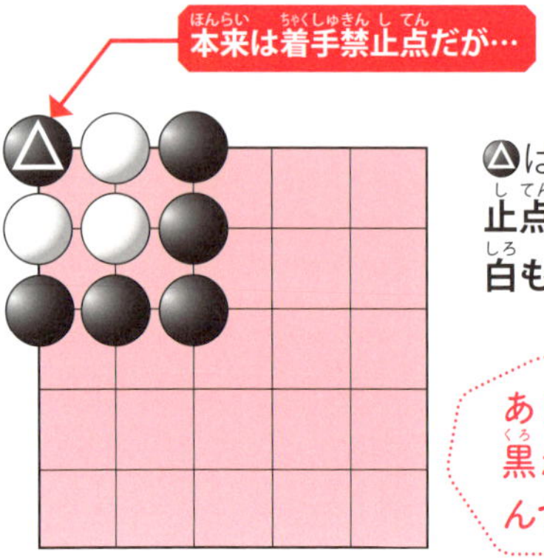
本来《ほんらい》は着手禁止点《ちゃくしゅきんしてん》だが…

△は道《みち》がないので、**本来《ほんらい》は着手禁止点《ちゃくしゅきんしてん》**です。けれども、同時《どうじ》に3つの**白《しろ》も道《みち》がなくなっています**。

あ！
黒《くろ》が白《しろ》3つを囲《かこ》んでいるね！

3

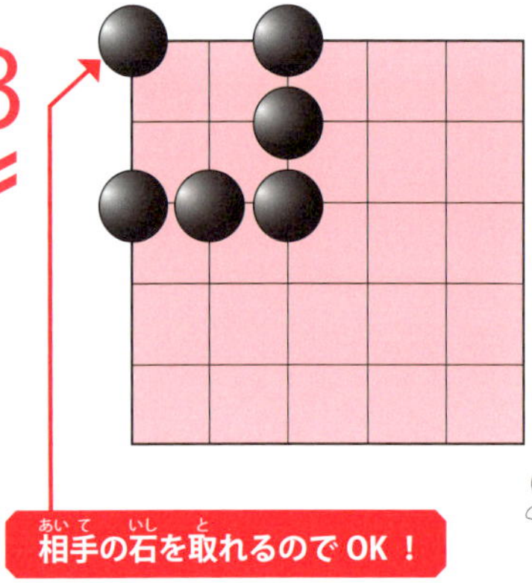
相手《あいて》の石《いし》を取《と》れるのでOK！

相手《あいて》の石《いし》を取《と》れるときに限《かぎ》って、△に打《う》っていいというルールが「着手禁止点《ちゃくしゅきんしてん》の例外《れいがい》」です。左《ひだり》の図《ず》は3つの白《しろ》を取《と》ったあとの形《かたち》です。

石《いし》を打《う》てるのは、「道《みち》があるとき」と、「相手《あいて》の石《いし》を取《と》れるとき」の2つよ！

ふむふむ 相手《あいて》の石《いし》を取《と》れるときだけ 本来禁止《ほんらいきんし》されてるところに 打《う》っていいのか
ただし 同《おな》じ形《かたち》がくり返《かえ》される 『コウ』になると やっぱり打《う》てなく なっちゃうの

コウとは

コウとは、ひとつの石《いし》を取《と》ったり取《と》られたりがくり返《かえ》される形《かたち》になることを言《い》います。

白《しろ》△**があと一手《いって》で取《と》られる形《かたち》です。この状況《じょうきょう》を「（△が）アタリ」**と言《い》います。

1

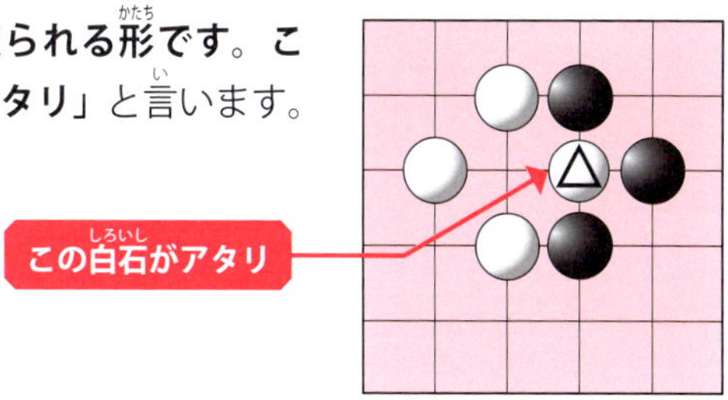
この白石《しろいし》がアタリ

黒《くろ》は△と打《う》つことができます。囲《かこ》んだ白《しろ》を取《と》れますので、**着手禁止点《ちゃくしゅきんしてん》の例外《れいがい》**です。

2

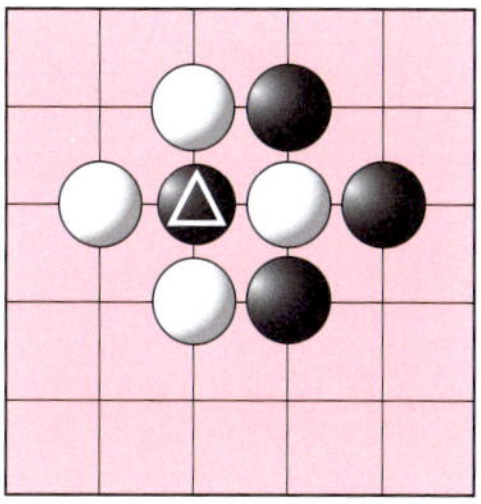

白《しろ》が取《と》られたあとの形《かたち》です。すると、逆《ぎゃく》に黒《くろ》△があと一手《いって》で取《と》られるアタリになっています。

3

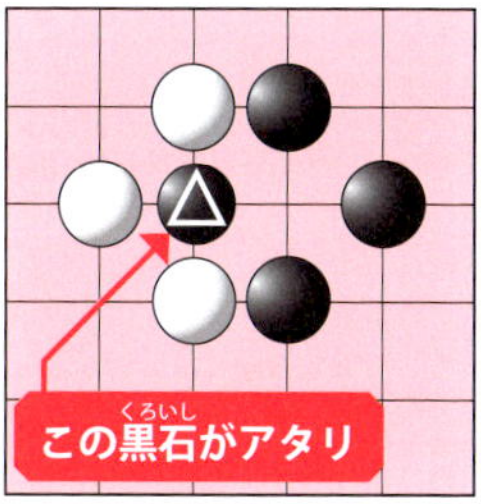
この黒石《くろいし》がアタリ

4

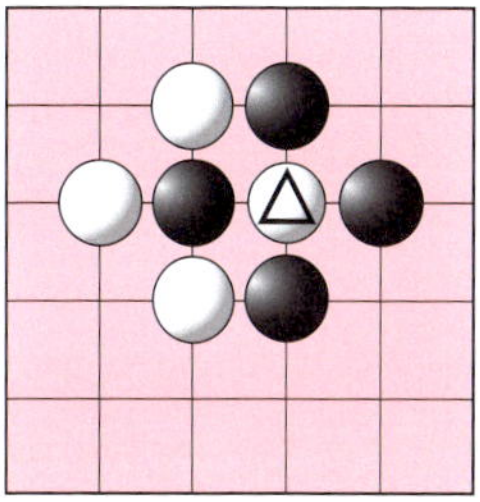

白《しろ》は着手禁止点《ちゃくしゅきんしてん》の例外《れいがい》で白《しろ》は△に打《う》てますが、ここに打《う》つと……。

5

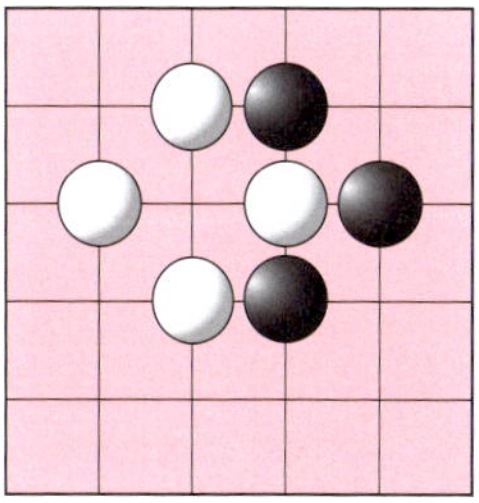

最初《さいしょ》の 1 の形《かたち》に戻《もど》っています。**このように形《かたち》がくり返《かえ》される状況《じょうきょう》を「コウ」**と言《い》います。コウは漢字《かんじ》で「劫《コウ》」と書《か》き、永遠《えいえん》という意味《いみ》があります。

あれ？
これをくり返《かえ》したら終《お》わらないね

コウの形《かたち》になったら①

取《と》ったり取《と》られたりの反復形《はんぷくけい》が起《お》こらないよう、コウには特別《とくべつ》ルールがあります。

1

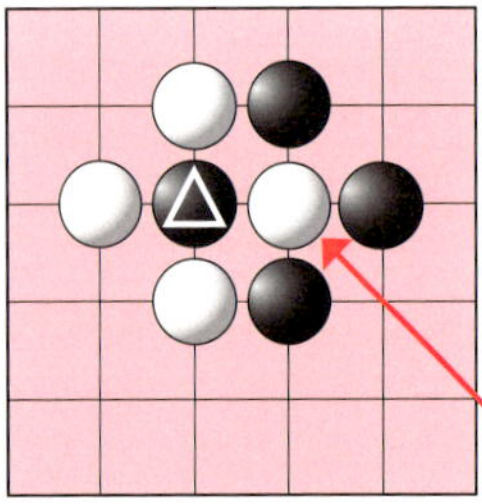

まず、**着手禁止点《ちゃくしゅきんしてん》の例外《れいがい》**で黒《くろ》は▲と打《う》って白《しろ》を取《と》ることができます。

この白石《しろいし》が取《と》れる

2

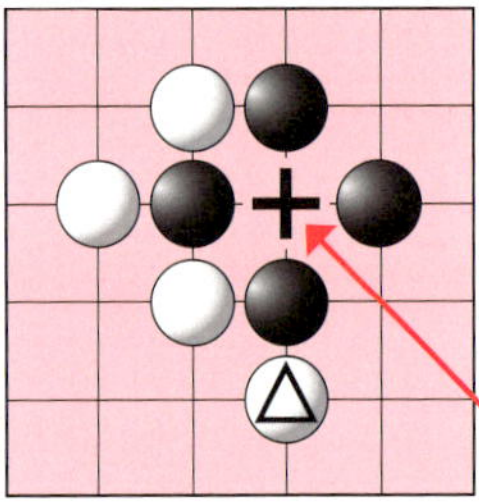

次《つぎ》の白《しろ》は、＋に打《う》つとコウになってしまいます。**コウのルールでは、すぐ取《と》り返《かえ》してはいけない**ので、＋の場所以外《ばしょいがい》のたとえば△に打《う》ちます。

打《う》ってはいけない

3

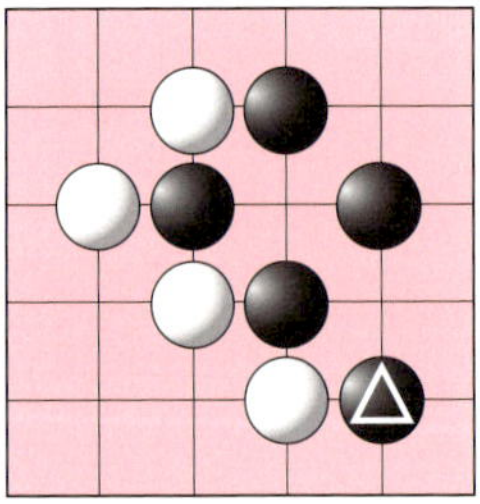

次《つぎ》の黒《くろ》が▲などと応《おう》じてくれれば……。

石《いし》の取《と》り合《あ》いをさけるために、別《べつ》の場所《ばしょ》に打《う》つのよ！

← 次《つぎ》のページにつづくよ

コウの形《かたち》になったら②

コウのくり返《かえ》しをさけるために、どのように打《う》っていけばいいか見《み》ていきましょう。

4

次《つぎ》の白《しろ》は△と打《う》って、**コウを取《と》り返《かえ》す**ことができます。

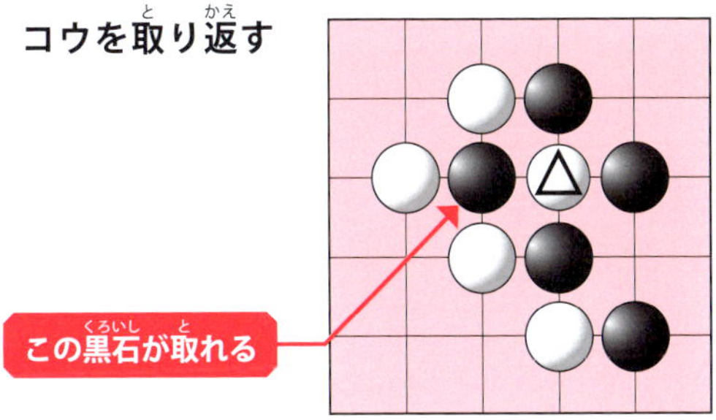
この黒石《くろいし》が取《と》れる

5

逆《ぎゃく》の立場《たちば》になった黒《くろ》は、**すぐにコウを取《と》り返《かえ》すことができない**ので……。

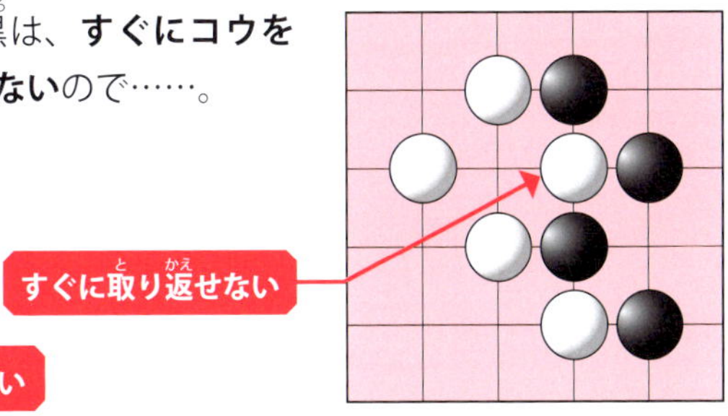
すぐに取《と》り返《かえ》せない

6

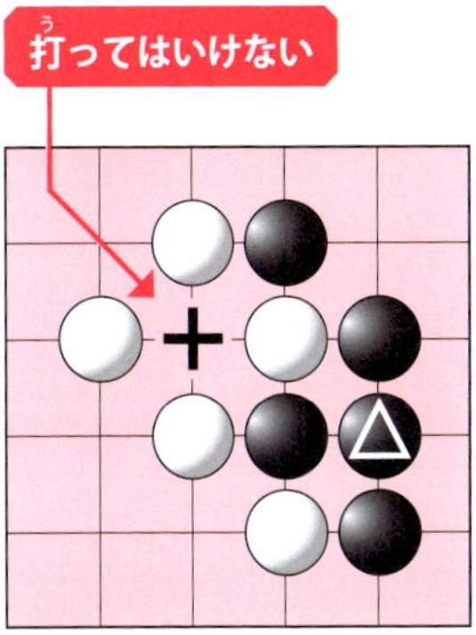
打《う》ってはいけない

＋ではなく▲などと、他《ほか》の場所《ばしょ》へ打《う》たなければいけません。

7

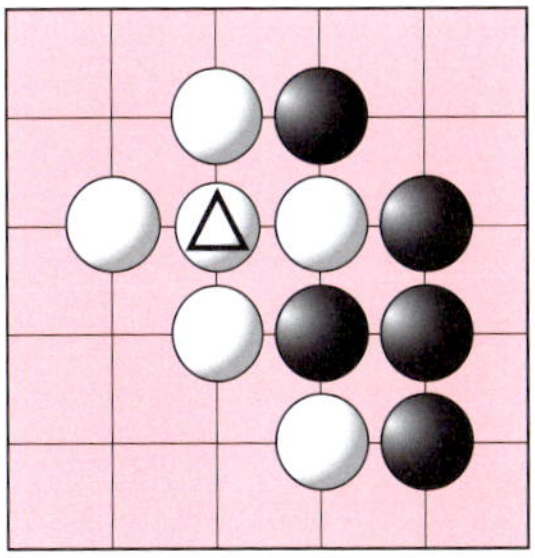

次《つぎ》の白《しろ》はどこに打《う》ってもかまいません。たとえば△と打《う》てば、コウが終《お》わります。

やっと終《お》わった…

よし　基礎《きそ》は
わかったぞ！
せっかく基礎《きそ》を
おぼえたことだし
誰《だれ》かと対局《たいきょく》したい
なあ
キョロ
キョロ
お
あいつが
ひまそうだな！
天野《あまの》元哉《もとや》
11歳《さい》
通称《つうしょう》　モトヤ

タッ
ねえねえ オレと対局《たいきょく》しない？
アヤタカくん ダメ……
まあまあ いいじゃないの
ぬっ
おもしろそうだしっ！
あわわ
いいよ
うん
やったっ！

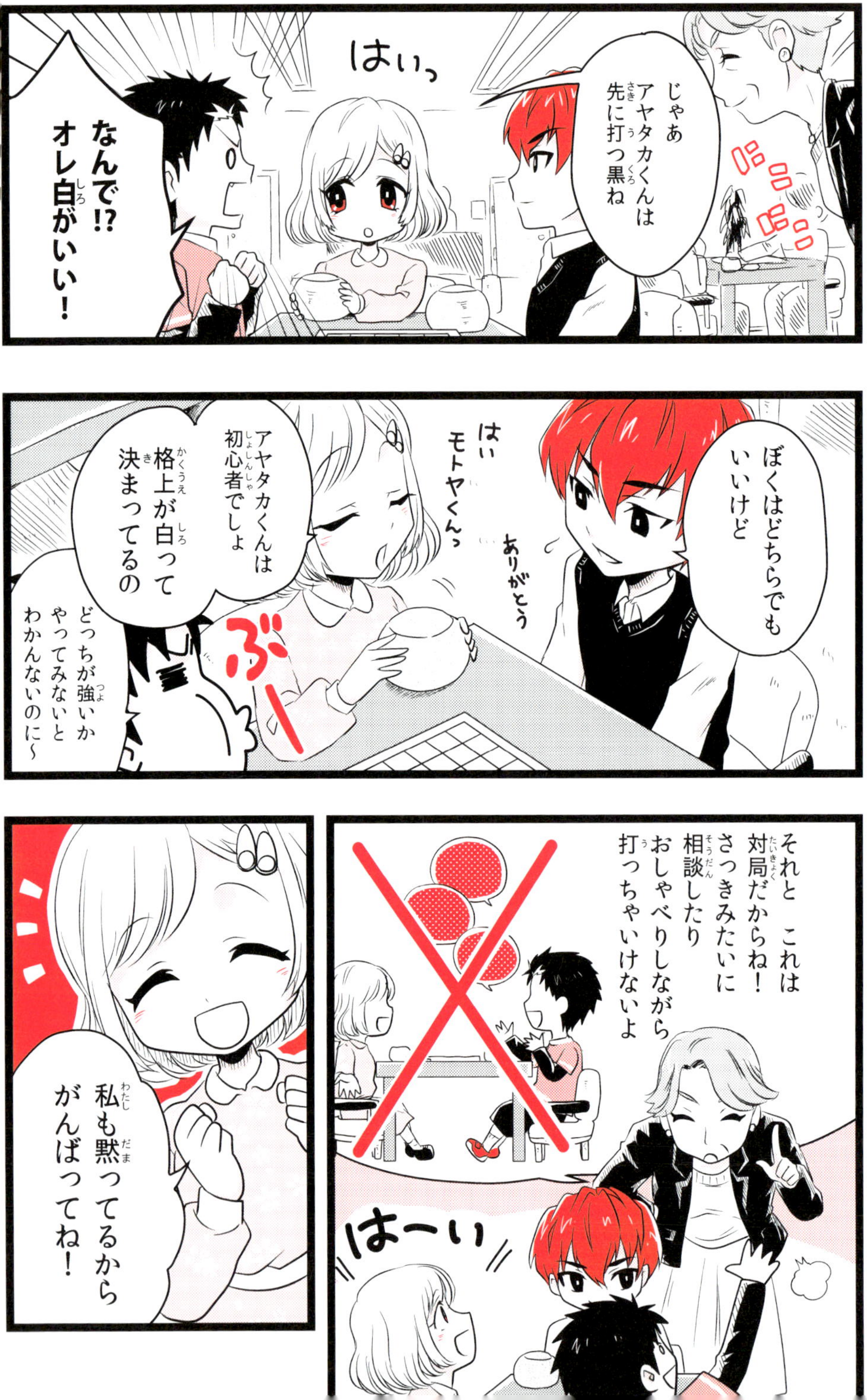

じゃあ アヤタカくんは 先《さき》に打《う》つ黒《くろ》ね
はいっ
なんで!? オレ白《しろ》がいい！
ぼくはどちらでも いいけど
ありがとう
はい モトヤくんっ
アヤタカくんは 初心者《しょしんしゃ》でしょ 格上《かくうえ》が白《しろ》って 決《き》まってるの
ぶー
どっちが強《つよ》いか やってみないと わかんないのに～
それと これは 対局《たいきょく》だからね！ さっきみたいに 相談《そうだん》したり おしゃべりしながら 打《う》っちゃいけないよ
はーい
私《わたし》も黙《だま》ってるから がんばってね！

対局《たいきょく》のマナー

囲碁《いご》は、相手《あいて》がいるからこそ対局《たいきょく》できるのですから、つねに相手《あいて》を敬《うやま》い、失礼《しつれい》がないように心《こころ》がけましょう。

あいさつ

終了時《しゅうりょうじ》には「**ありがとうございました**」とあいさつします。対《たい》局《きょく》の途中《とちゅう》で投了《とうりょう》するときは「**負《ま》けました**」や「**参《まい》りました**」とはっきり言《い》いましょう。

対局《たいきょく》をはじめるときは、あいさつとともに「**よろしくお願《ねが》いします**」や「**お願《ねが》いします**」と言《い》います。

やってはいけないこと

碁笥《ごけ》に手《て》を入《い》れて**石《いし》をガチャガチャしない**。

盤上《ばんじょう》には**碁石《ごいし》、碁笥《ごけ》以外《いがい》のものを置《お》かない**。

他《ほか》の人《ひと》の対局《たいきょく》に**口《くち》を出《だ》さない。じゃまをしない**。

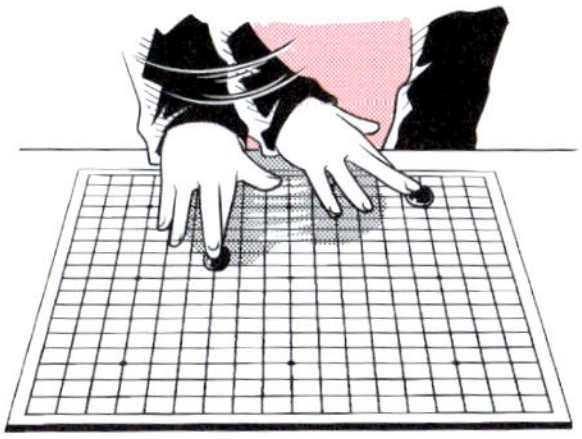

考《かんが》えている最中《さいちゅう》に石《いし》を持《も》たない。**持《も》ったらすぐ打《う》つ**。

お願《ねが》いしますっ！
ペコ
お願《ねが》いします
ペコ
パチ
パチ
パチ
パチ
パチッ
パチッ
パチ
パチ
あれ
これダメなんじゃ……

パチッ
ひょい
!?
コトッ
やっぱり……!
石《いし》を囲《かこ》まれると取《と》られちゃうんだった!

!!
パチッ
パチッ
…
取《と》られた石《いし》を陣地《じんち》に埋《う》めて……
1・2…
う…
負《ま》けました
ぺこっ
ありがとうございました
……2目《もく》差《さ》……
ピクッ

ペこ
…ありがとうございました
じゃあぼくは……
おう！ありがとな！
ガタッ
スタスタ
ああ～負《ま》けちゃった！
ぐわ――っ
もー―っ
だからダメだって言《い》ったのに！モトヤくんはね…
この地域《ちいき》の小学生《しょうがくせい》では5本《ほん》の指《ゆび》に入《はい》る実力《じつりょく》をもっているのよ
えっ！そんなに強《つよ》いやつだったのかよ
でも…

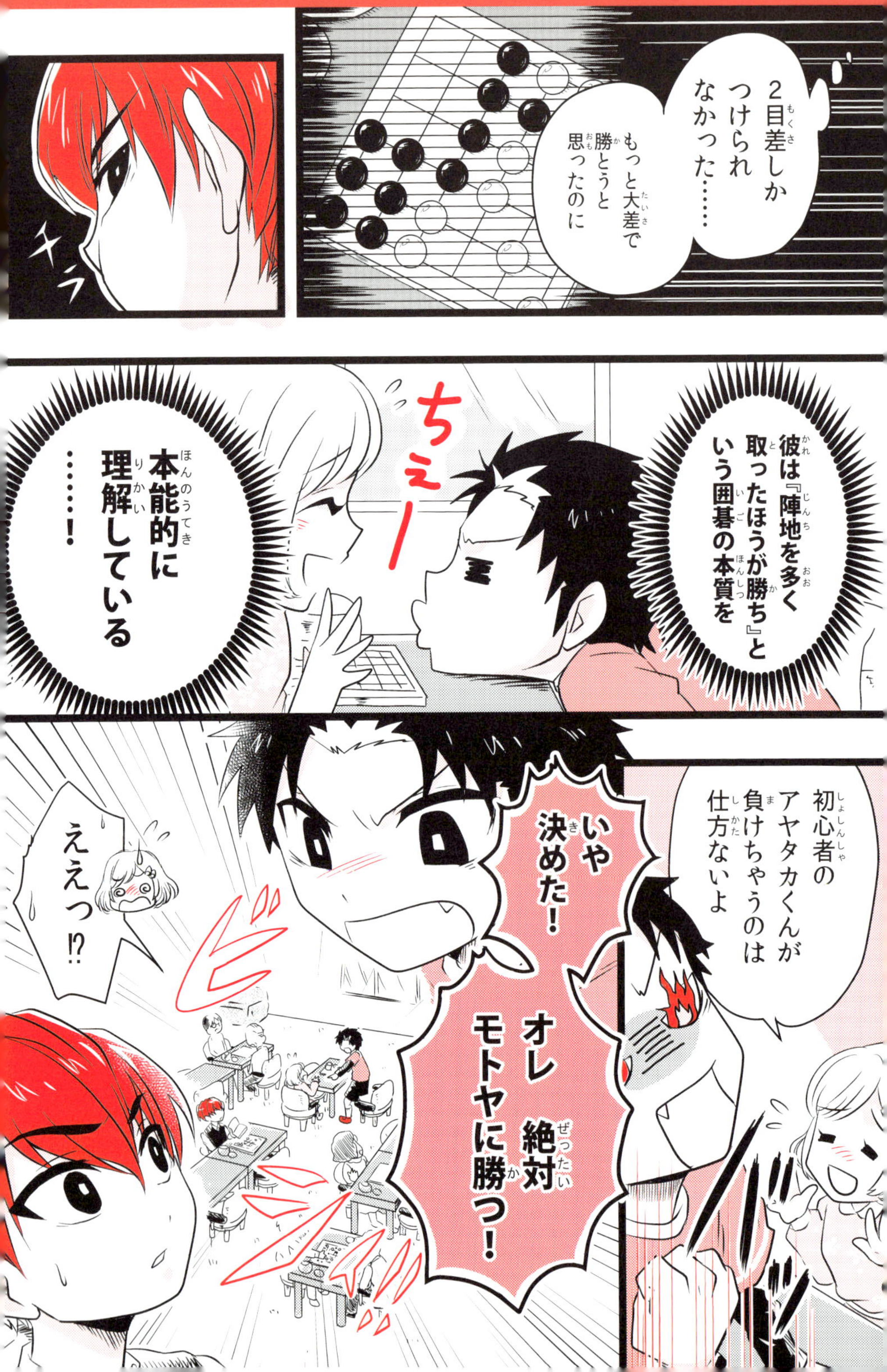
2目差《もくさ》しか つけられ なかった……
もっと大差《たいさ》で 勝《か》とうと 思《おも》ったのに
チラ
彼《かれ》は『陣地《じんち》を多《おお》く 取《と》ったほうが勝《か》ち』と いう囲碁《いご》の本質《ほんしつ》を
ちぇー
本能的《ほんのうてき》に 理解《りかい》している ……!
初心者《しょしんしゃ》の アヤタカくんが 負《ま》けちゃうのは 仕方《しかた》ないよ
いや 決《き》めた!
オレ 絶対《ぜったい》 モトヤに勝《か》つっ!
ええっ⁉

全問正解《ぜんもんせいかい》を目指《めざ》そう！

チャレンジクイズ 2

黒《くろ》の立場《たちば》で考《かんが》えてください。A、B、Cは、それぞれ打《う》っても大丈夫《だいじょうぶ》でしょうか。それとも打《う》ってはいけない場《ば》所《しょ》でしょうか？

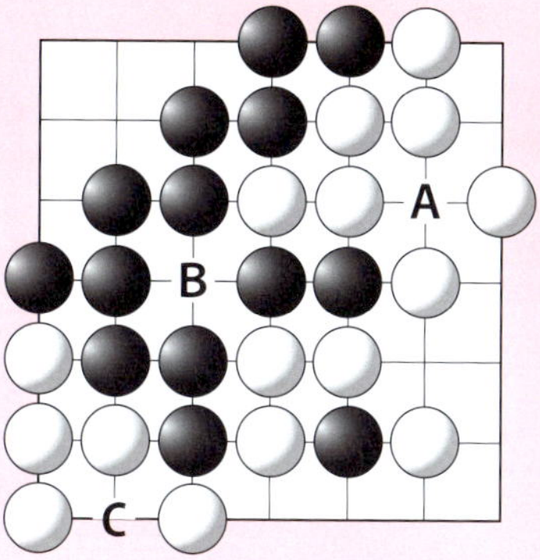

里菜先生《りなせんせい》からのヒント！
着手禁止点《ちゃくしゅきんしてん》と、着《ちゃく》手禁止点《しゅきんしてん》の例外《れいがい》を思《おも》い出《だ》してね！

チャレンジクイズ 3

白《しろ》の立場《たちば》で考《かんが》えてください。これで終局《しゅうきょく》でしょうか？

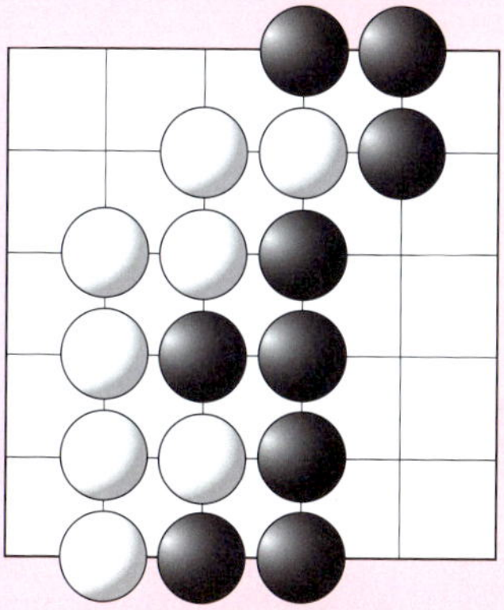

里菜先生《りなせんせい》からのヒント！
白《しろ》でまだ打《う》つところがあるとしたら、どこに打《う》つか考《かんが》えてみてね！

チャレンジクイズ 4

終局《しゅうきょく》です。地《じ》を数《かぞ》えてみましょう。どちらが何目《なんもく》勝《か》っていますか？

里菜先生《りなせんせい》からのヒント！
黒《くろ》と白《しろ》のそれぞれがつくった地《じ》（陣《じん》地《ち》）を数《かぞ》えてみましょう。数《かぞ》える単位《たんい》は「目《もく》」を使《つか》うのよ！

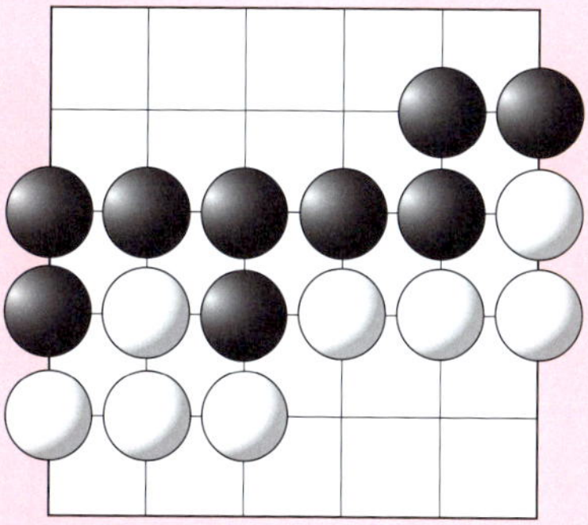

答《こた》えは34ページを見《み》てね

答《こた》え チャレンジクイズ 3

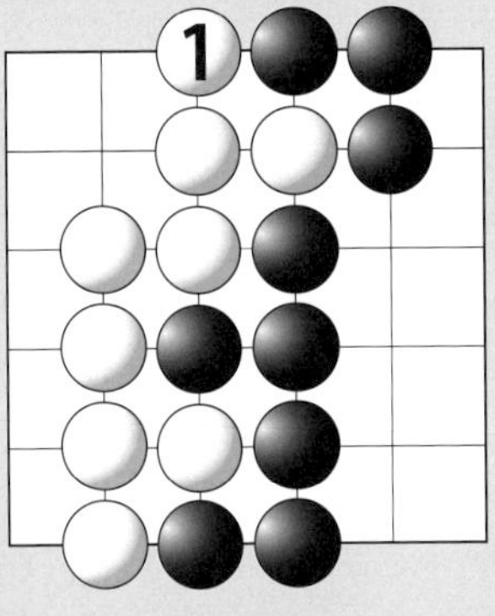

まだ終《お》わっていません。白《しろ》①に打《う》てます。ここに打《う》って、すべての空間《くうかん》がどちらかの地《じ》になったので終局《しゅうきょく》になります。

答《こた》え チャレンジクイズ 2

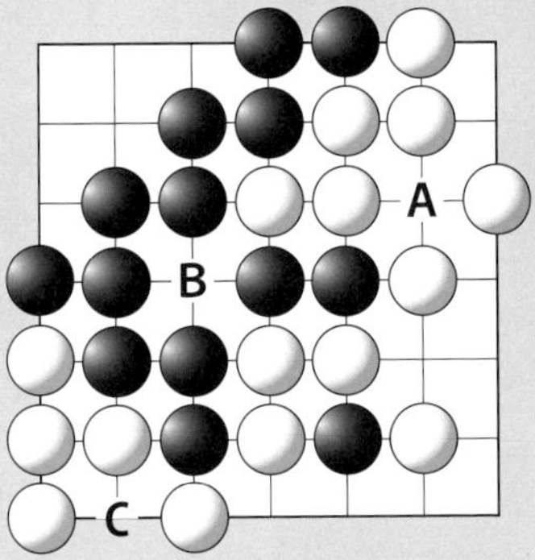

打《う》ったとたんに取《と》られてしまうAは着手禁止点《ちゃくしゅきんしてん》で打《う》てません。Bは打《う》てます。Cも白《しろ》4つを取《と》れるので、着手禁止点《ちゃくしゅきんしてん》の例外《れいがい》で打《う》って大丈夫《だいじょうぶ》です。

答《こた》え チャレンジクイズ 4

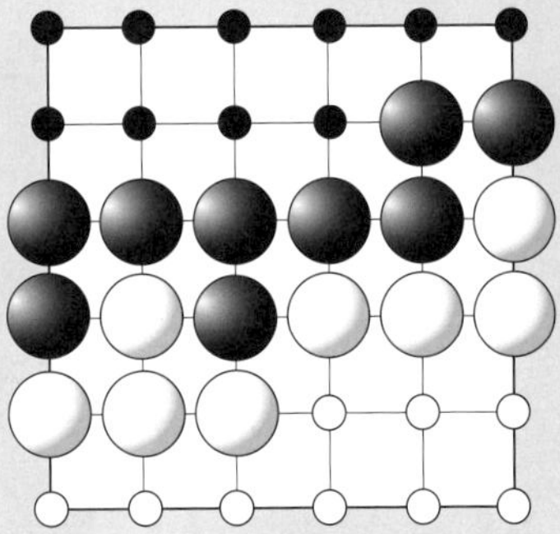

黒地《くろじ》の●を数《かぞ》えると、10目《もく》。白地《しろじ》の○を数《かぞ》えると、9目《もく》。黒《くろ》の1目勝《もくが》ちですね。

囲碁コラム

囲碁《いご》をやると いいことがたくさん

囲碁《いご》を学《まな》ぶと、いいことがたくさんあります。囲碁《いご》は相手《あいて》がいないと打《う》てないので、自然《しぜん》と相手《あいて》が何《なに》を考《かんが》えているのかを考《かんが》える習慣《しゅうかん》が身《み》につきます。そして勝《か》ったり負《ま》けたりしているうちに、相手《あいて》の気《き》持《も》ちもわかるようになってきます。また、自分《じぶん》で考《かんが》えて判断《はんだん》する力《ちから》や、先《さき》を見通《みとお》す大切《たいせつ》さもわかってくるでしょう。相手《あいて》と楽《たの》しく打《う》つためには、マナーも大切《たいせつ》になりますので、礼儀《れいぎ》も身《み》につきます。つまり、「人間力《にんげんりょく》」がつくのです。

パート
2

1局《いっきょく》の流《なが》れを見《み》てみよう

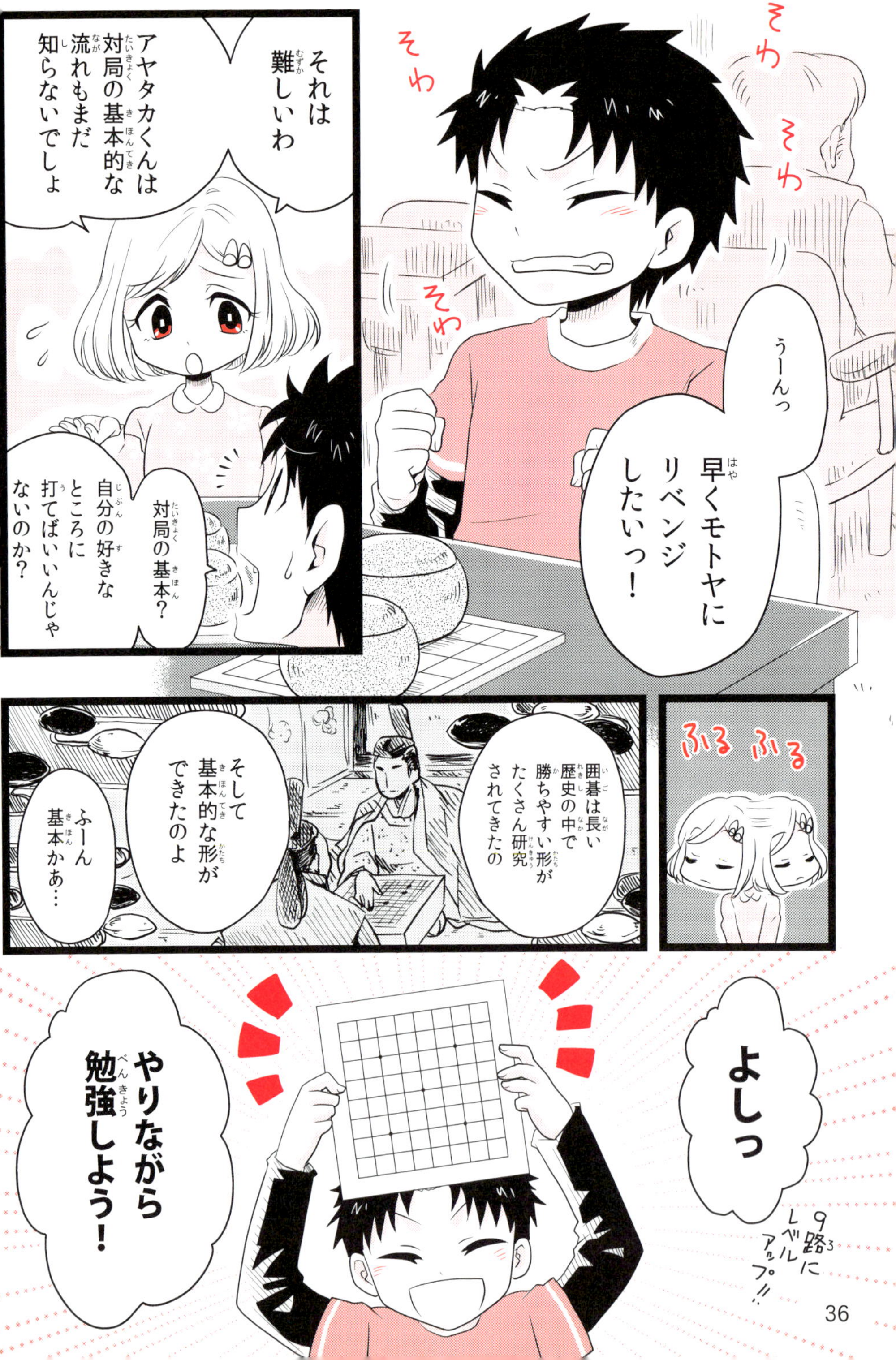

そわ
そわ
うーんっ
早《はや》くモトヤにリベンジしたいっ！
そわ
そわ
それは難《むずか》しいわ
アヤタカくんは対局《たいきょく》の基本的《きほんてき》な流《なが》れもまだ知《し》らないでしょ
対局《たいきょく》の基本《きほん》？
自分《じぶん》の好《す》きなところに打《う》てばいいんじゃないのか？
ふる ふる
囲碁《いご》は長《なが》い歴史《れきし》の中《なか》で勝《か》ちやすい形《かたち》がたくさん研究《けんきゅう》されてきたの
そして基本的《きほんてき》な形《かたち》ができたのよ
ふーん基本《きほん》かあ…
よしっ
やりながら勉強《べんきょう》しよう！
9路《ろ》にレベルアップ!!

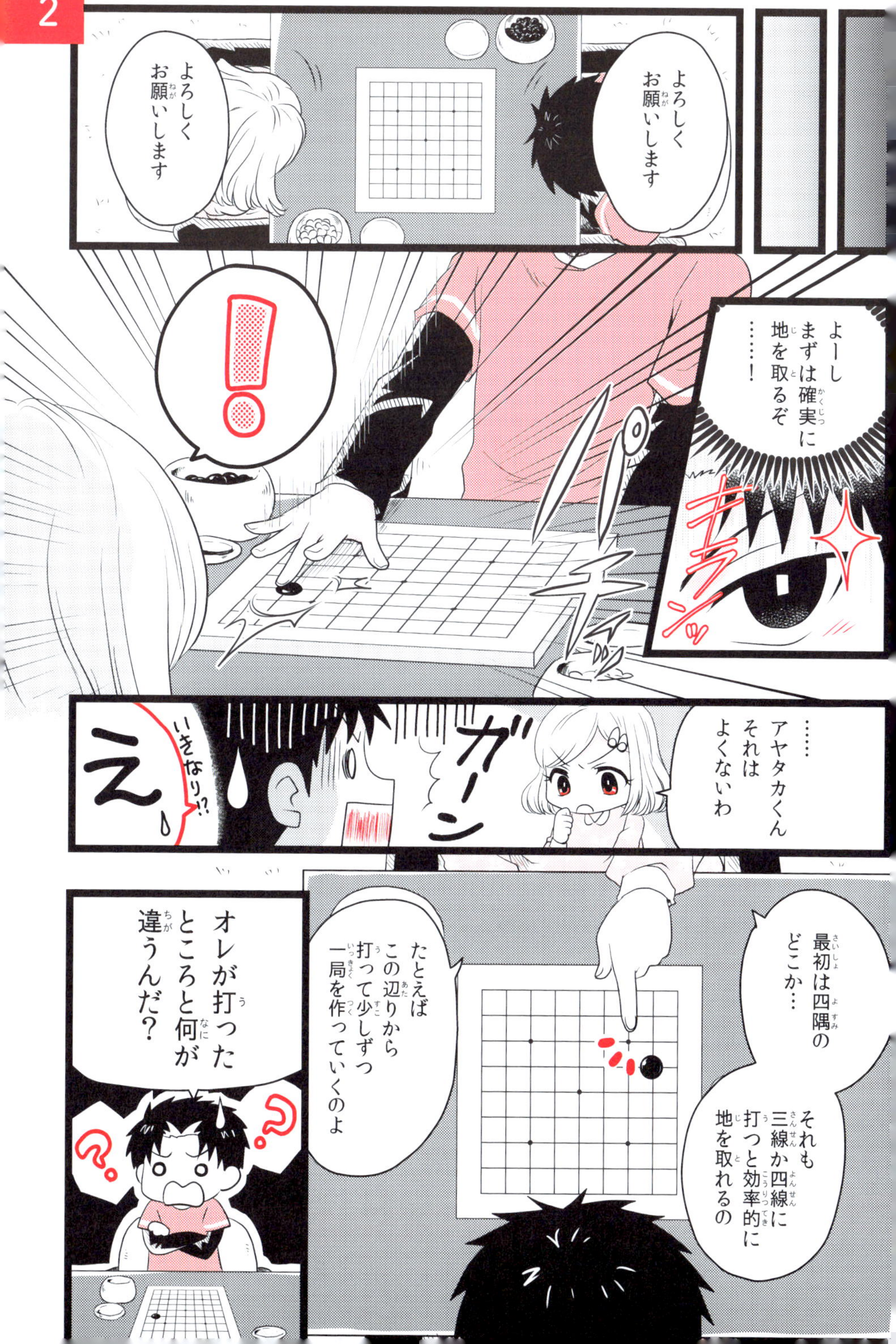
よろしく お願《ねが》いします
よろしく お願《ねが》いします
よーし まずは確実《かくじつ》に 地《じ》を取《と》るぞ ……！
キランッ
！
パチ
……アヤタカくん それは よくないわ
ガーン
え
いきなり!?
最初《さいしょ》は四隅《よすみ》の どこか…
それも 三線《さんせん》か四線《よんせん》に 打《う》つと効率的《こうりつてき》に 地《じ》を取《と》れるの
たとえば この辺《あた》りから 打《う》って少《すこ》しずつ 一局《いっきょく》を作《つく》っていくのよ
オレが打《う》った ところと何《なに》が 違《ちが》うんだ？

対局《たいきょく》の流《なが》れ①

6路盤《ろばん》から9路盤《ろばん》にレベルアップして、
対局《たいきょく》の流《なが》れを見《み》ていきましょう。

一線《いっせん》～四線《よんせん》は、おもに辺《へん》の説明《せつめい》で使《つか》う言《こと》葉《ば》です。盤《ばん》のはしから数《かぞ》えて一線《いっせん》、二線《にせん》…と数《かぞ》えます。

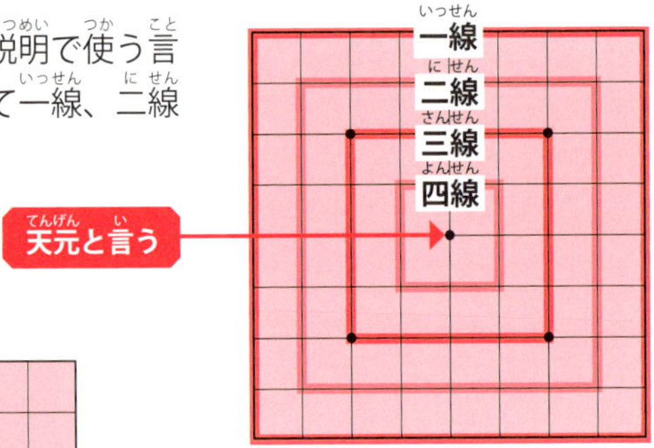
一線《いっせん》
二線《にせん》
三線《さんせん》
四線《よんせん》
天元《てんげん》と言《い》う

1

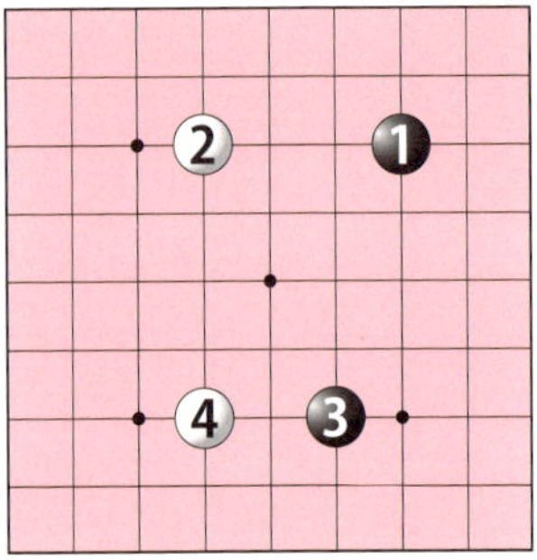
1
2
3
4

たとえば、黒《くろ》と白《しろ》がおたがいに隅《すみ》のほうに打《う》ったとします。

2

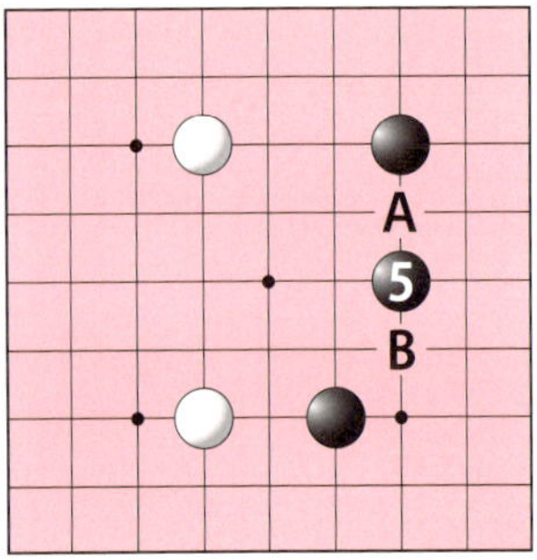
A
5
B

次《つぎ》に黒《くろ》❺と、すでにある**2つの黒石《くろいし》の真《ま》ん中《なか》あたりに打《う》って石《いし》をつなげていきます**。たとえばここで**A**や**B**などと打《う》つと、2つの黒石《くろいし》の間《あいだ》に**すきまができて、つながりにくくなる**ので注意《ちゅうい》しましょう。

3

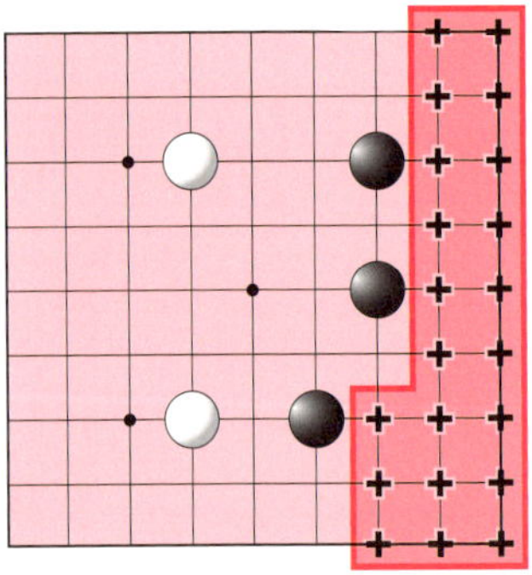

右辺方面《うへんほうめん》の**＋あたりに陣地《じんち》**を作《つく》ることができます。

石《いし》をつなげるこ
とで自分《じぶん》の陣地《じんち》
ができるの！

対局《たいきょく》の流《なが》れ②

4

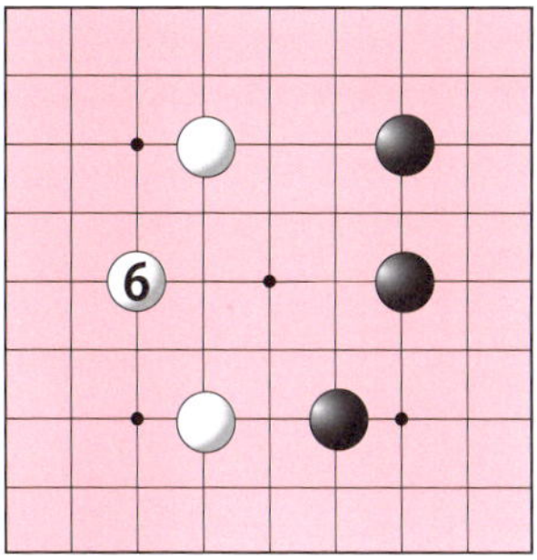

次《つぎ》の白《しろ》は⑥と、すでに打《う》った2つの白石《しろいし》の真《ま》ん中《なか》あたりに打《う》つことで**左辺《さへん》をつなげる**と……。

5

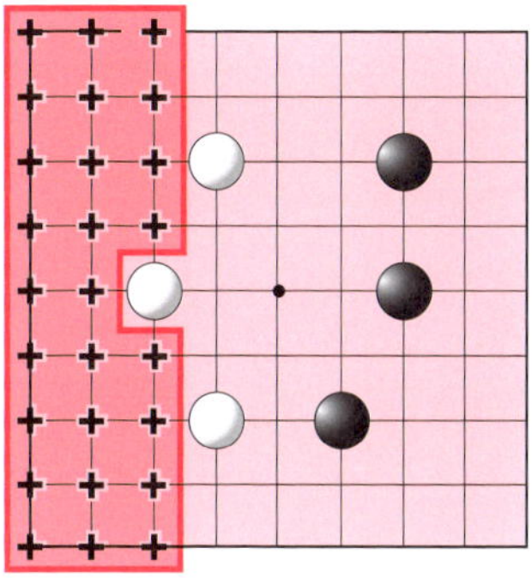

左辺《さへん》の**＋あたりに陣地《じんち》**を作《つく》ることができます。

真《ま》ん中《なか》あたりに打《う》つことで、つながりをよくするんだね

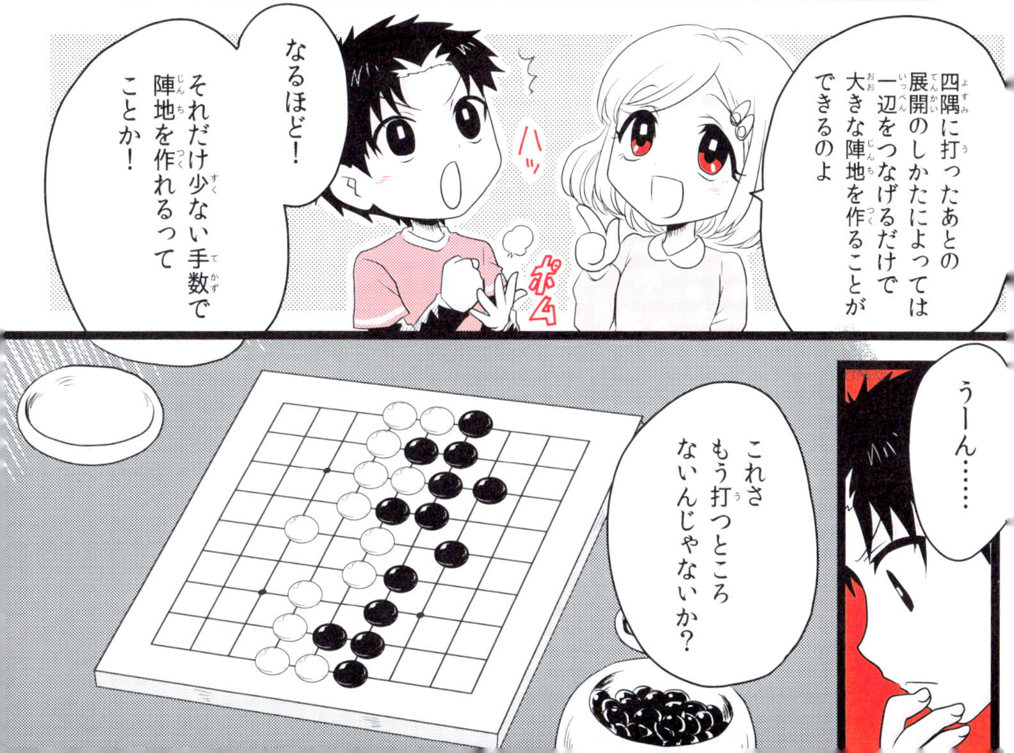
四隅《よすみ》に打《う》ったあとの展開《てんかい》のしかたによっては一辺《いっぺん》をつなげるだけで大《おお》きな陣地《じんち》を作《つく》ることができるのよ
ハッ
ポム
なるほど!
それだけ少《すく》ない手数《てかず》で陣地《じんち》を作《つく》れるってことか!
うーん……
これさもう打《う》つところないんじゃないか?

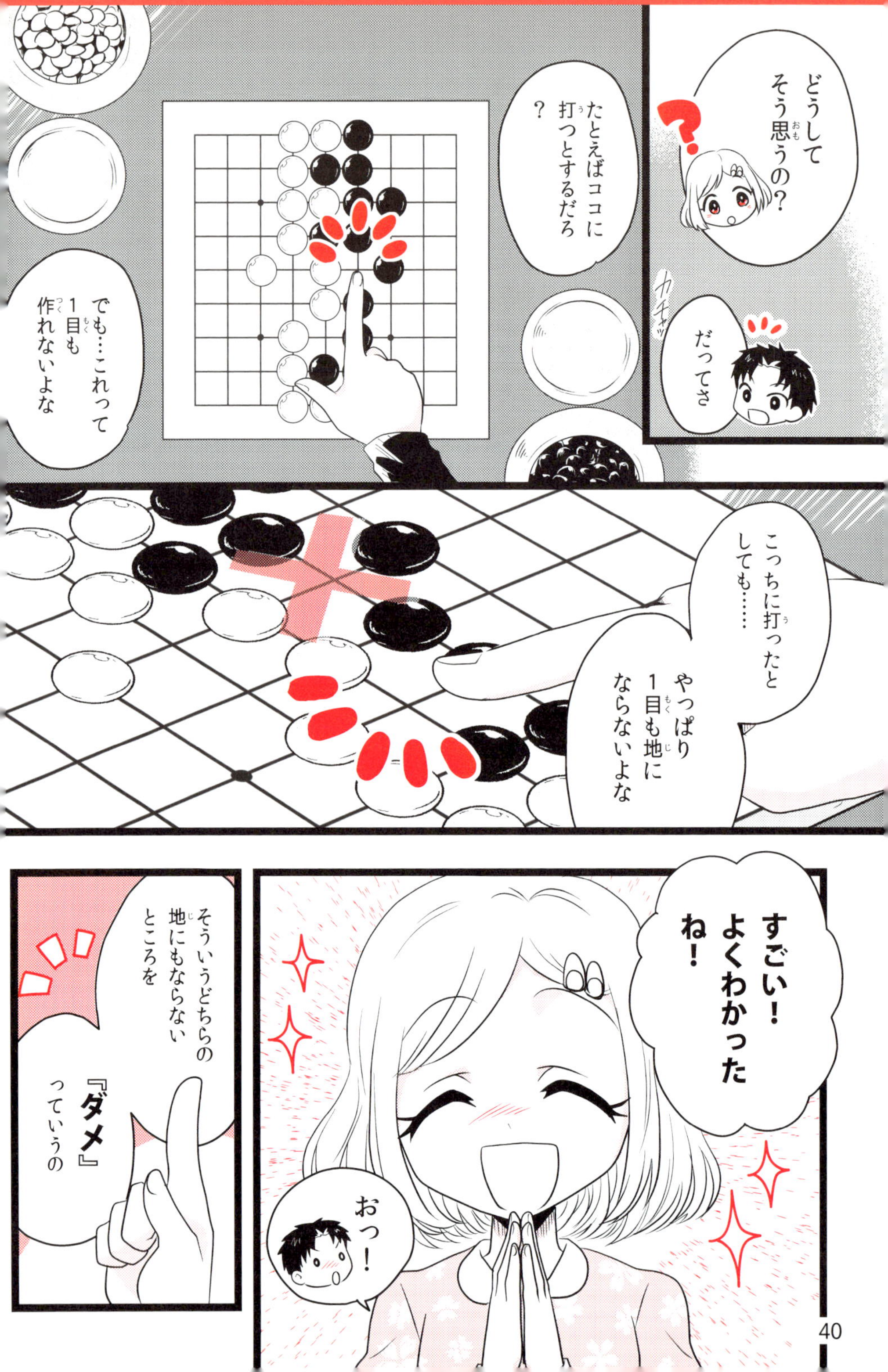
どうして
そう思《おも》うの?
カチャッ
だってさ
たとえばココに打《う》つとするだろ?
でも…これって1目《もく》も作《つく》れないよな
こっちに打《う》ったとしても……
やっぱり1目《もく》も地《じ》にならないよな
すごい!よくわかったね!
おっ!
そういうどちらの地《じ》にもならないところを『ダメ』っていうの

ダメとは

終局《しゅうきょく》した盤上《ばんじょう》には、どちらの陣地《じんち》にもならない「ダメ」という場所《ばしょ》があります。駄目《だめ》（だめ）という言葉《ことば》は、この囲碁《いご》の「ダメ」が由来《ゆらい》になっています。

1

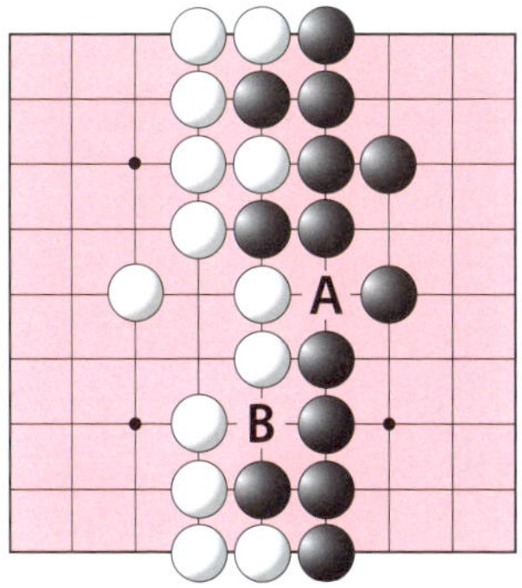

A と **B** の空間《くうかん》に注目《ちゅうもく》してください。ここに石《いし》を打《う》つと地《じ》が増《ふ》えたり減《へ》ったりするでしょうか？

2

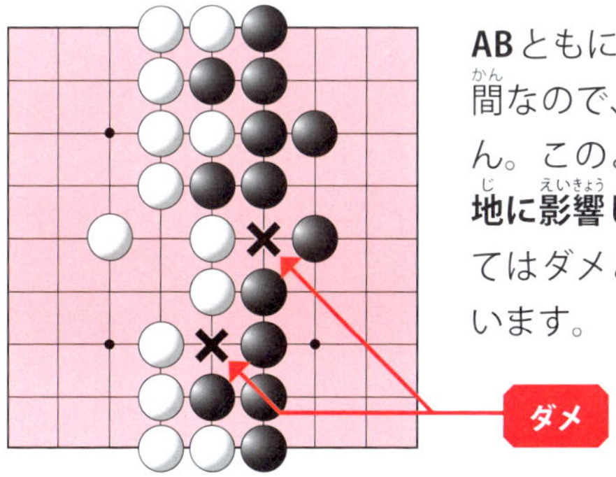

AB ともに、黒《くろ》と白《しろ》に囲《かこ》まれている空間《くうかん》なので、どちらの地《じ》でもありません。このように、**どちらが打《う》っても地《じ》に影響《えいきょう》しない空間《くうかん》を「ダメ」**（打《う》ってはダメという意味《いみ》ではない）と言《い》います。

ダメの例図《れいず》

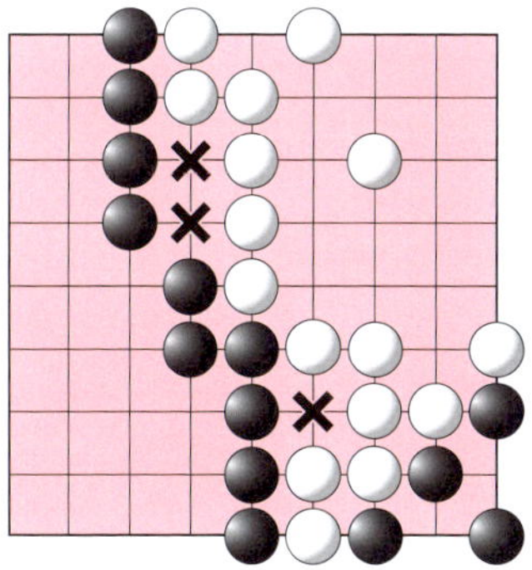

×をした 3 か所《しょ》がダメ。

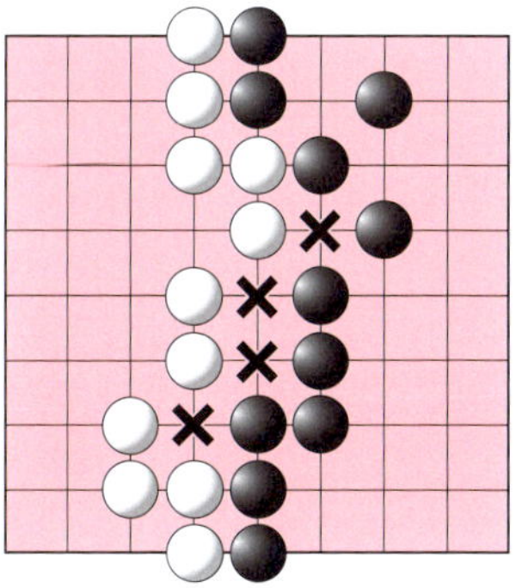

×をした 4 か所《しょ》がダメ。

囲碁コラム

答《こた》えのない世界《せかい》を考《かんが》えるのが大事《だいじ》

人《ひと》が身《み》につけるべき大事《だいじ》な教養《きょうよう》を、古来《こらい》より「琴《きん》棋《き》書《しょ》画《が》」と言《い》います。琴《きん》は音楽《おんがく》、棋《き》は囲碁《いご》、書《しょ》は書道《しょどう》、画《が》は美術《びじゅつ》です。たしかに学校《がっこう》の教科《きょうか》には音楽《おんがく》、書道《しょどう》、美術《びじゅつ》（図工《ずこう》）があります。でも囲碁《いご》はありません。学校《がっこう》の勉強《べんきょう》には「正解《せいかい》」がありますが、囲碁《いご》には正解《せいかい》のない場面《ばめん》が多《おお》くあるからかもしれません。しかし社会《しゃかい》に出《で》ると、正解《せいかい》の出《だ》せないことに多《おお》く出合《であ》います。答《こた》えのないことを考《かんが》え、判断《はんだん》する力《ちから》を囲碁《いご》で養《やしな》いましょう。

こうして一局《いっきょく》を流《なが》れで見《み》てみると
囲碁《いご》は陣地《じんち》を多《おお》く取《と》るゲームだってことがわかるよな
モトヤと対局《たいきょく》したとき
ひょい
!!
石《いし》を取《と》られてドキッとしたけど……
実《じつ》はあんまり気《き》にしなくていいのかもな!
あははー
ビビらせるなよ～
うーん それは どうかなぁ
え?

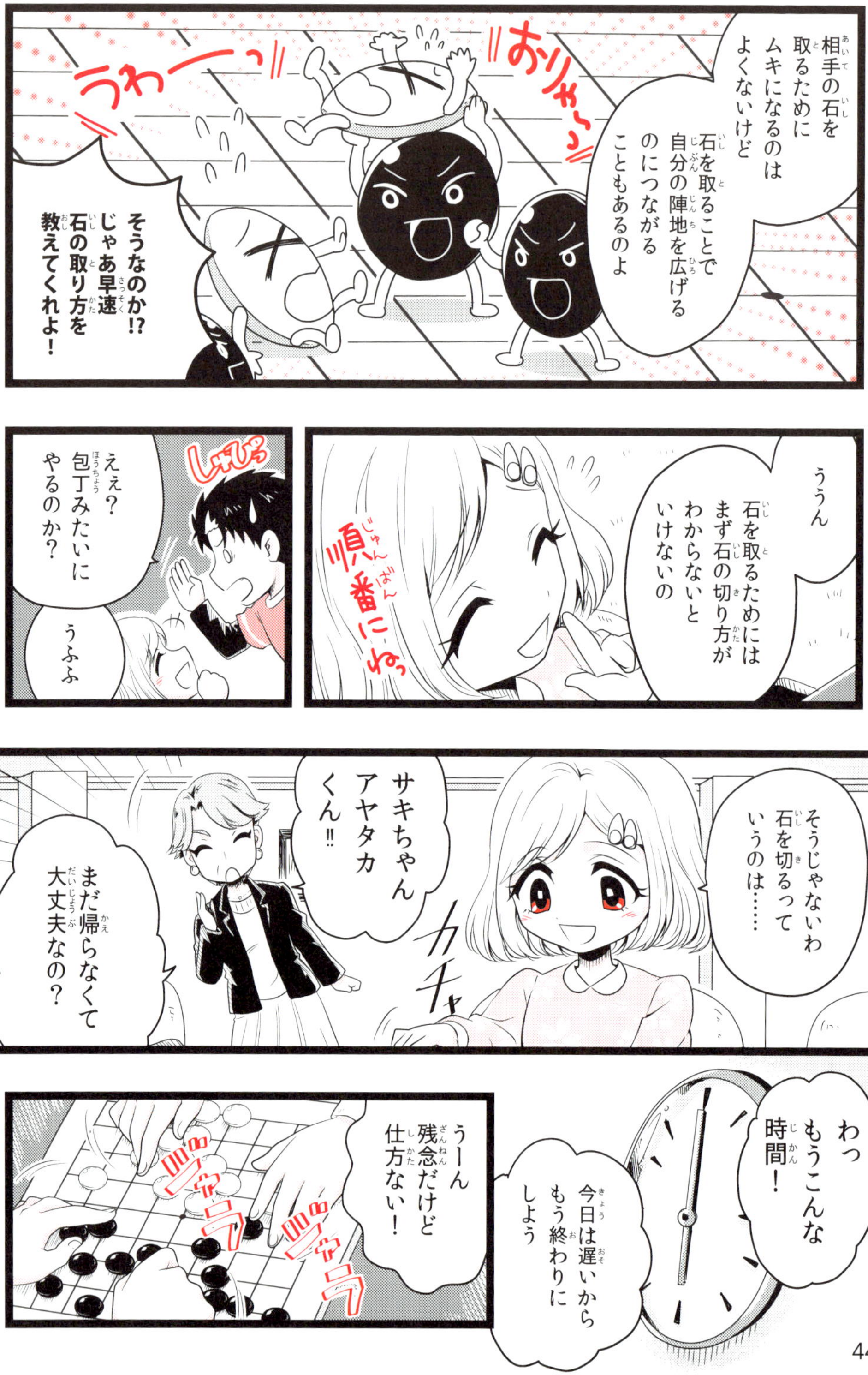
相手《あいて》の石《いし》を取《と》るためにムキになるのはよくないけど
石《いし》を取《と》ることで自分《じぶん》の陣地《じんち》を広《ひろ》げるのにつながることもあるのよ
おりゃ〜
うわーっ
そうなのか!? じゃあ早速《さっそく》石《いし》の取《と》り方《かた》を教《おし》えてくれよ!
ううん
石《いし》を取《と》るためにはまず石《いし》の切《き》り方《かた》がわからないといけないの
順番《じゅんばん》にねっ
しゅぴっ
ええ? 包丁《ほうちょう》みたいにやるのか?
うふふ
そうじゃないわ 石《いし》を切《き》るっていうのは……
カチャ
サキちゃん アヤタカくん!!
まだ帰《かえ》らなくて大丈夫《だいじょうぶ》なの?
わっ もうこんな時間《じかん》!
今日《きょう》は遅《おそ》いからもう終《お》わりにしよう
うーん 残念《ざんねん》だけど仕方《しかた》ない!
ジャラ
ジャラ

……
……なあ
ザラララ
カポ
なぁに?
モトヤは今日《きょう》
他《ほか》に誰《だれ》とも対局《たいきょく》して
なかったよな…?

囲碁コラム

囲碁《いご》を強《つよ》くなるには

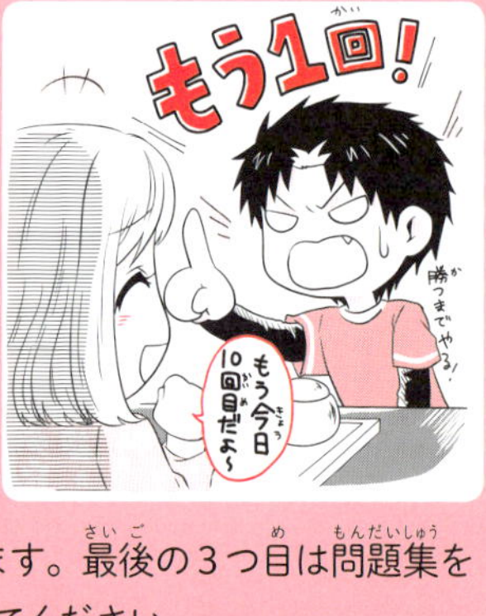

囲碁《いご》の勉強方法《べんきょうほうほう》は3つあります。ひとつは、たくさん打《う》って経験《けいけん》をつむこと。打《う》ったあと、「もっと守《まも》ればよかった」「石《いし》を切《き》るべきだった」などと、ひとつでも反省点《はんせいてん》を考《かんが》えるとよいでしょう。ふたつ目《め》は、プロの打《う》った碁《ご》を並《なら》べてみることです。対局内《たいきょくない》容《よう》の記録《きろく》を「棋譜《きふ》」と言《い》いますが、その棋譜《きふ》を見《み》ながら実際盤上《じっさいばんじょう》に並《なら》べてみることで、打《う》つ手《て》を学《まな》べます。最後《さいご》の3つ目《め》は問題集《もんだいしゅう》を解《と》くことです。クイズ感覚《かんかく》で、いろいろトライしてみてください。

全問正解《ぜんもんせいかい》を目《め》指《ざ》そう！

チャレンジクイズ 5

次《つぎ》は黒《くろ》の番《ばん》です。自分《じぶん》の石《いし》をつなげる（連絡《れんらく》する）にはどこに打《う》てばいいでしょうか。

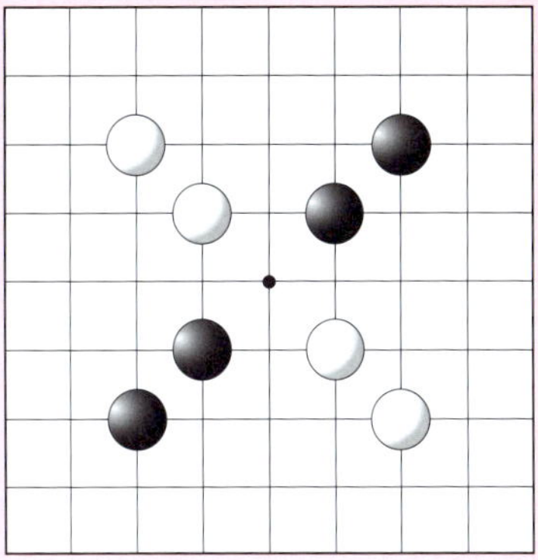

里菜先生《りなせんせい》からのヒント！
相手《あいて》の石《いし》を分断《ぶんだん》することも考《かんが》えてみてね！

チャレンジクイズ 6

終局《しゅうきょく》しました。ダメはありますか？あればどこか示《しめ》してください。

里菜先生《りなせんせい》からのヒント！
石《いし》を置《お》いても陣地《じんち》にならない場所《ばしょ》はどこかな？

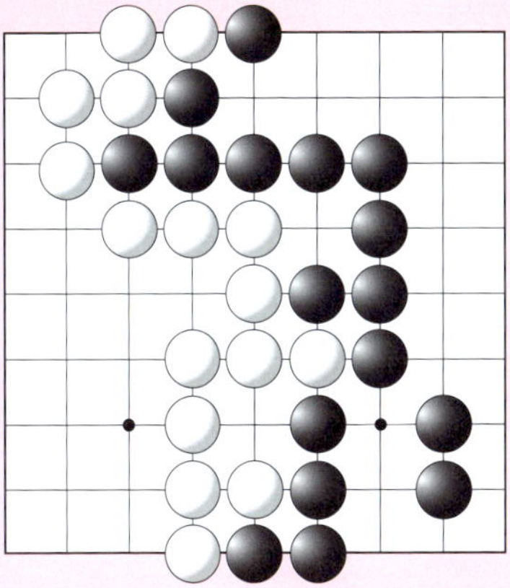

チャレンジクイズ 7

そろそろ終《お》わりに近《ちか》づいています。黒《くろ》の番《ばん》ですが、打《う》つところはありますか？

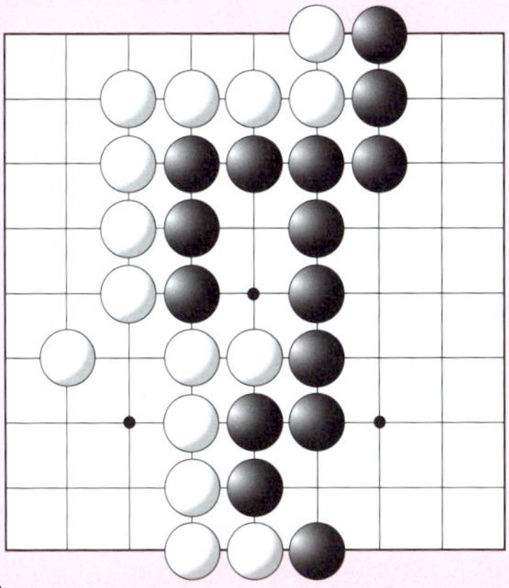

里菜先生《りなせんせい》からのヒント！
まだ自分《じぶん》の陣地《じんち》を作《つく》れるところはあるかな？

← 答《こた》えは48ページを見《み》てね

答《こた》え チャレンジクイズ 5

失敗例《しっぱいれい》

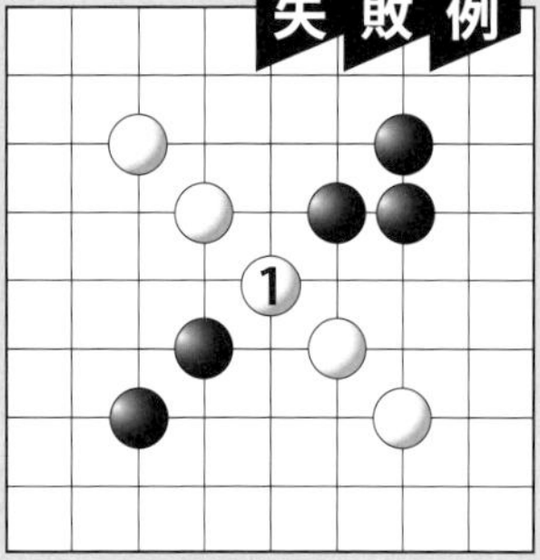

たとえば黒《くろ》をほかの場所《ばしょ》に打《う》って逆《ぎゃく》に白《しろ》①と打《う》たれると、白《しろ》がつながり、黒《くろ》がばらばらになってしまいます。

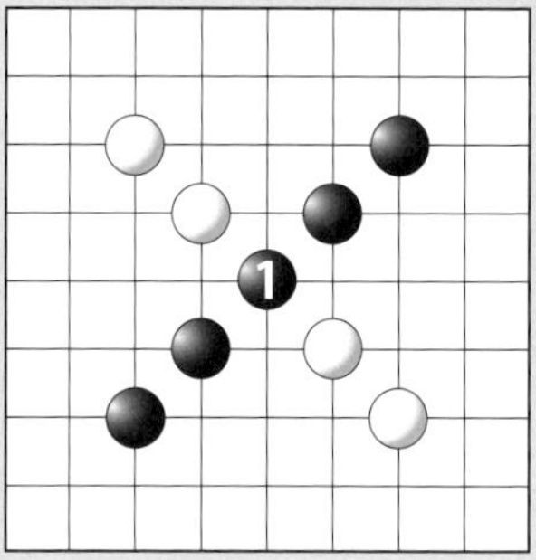

黒《くろ》❶と打《う》つことで黒《くろ》がつながりました。ナナメですが、つながっています。しかも、白《しろ》をふたつに分断《ぶんだん》することもできました。まさに、この地点《ちてん》が急所《きゅうしょ》でした。

答《こた》え チャレンジクイズ 7

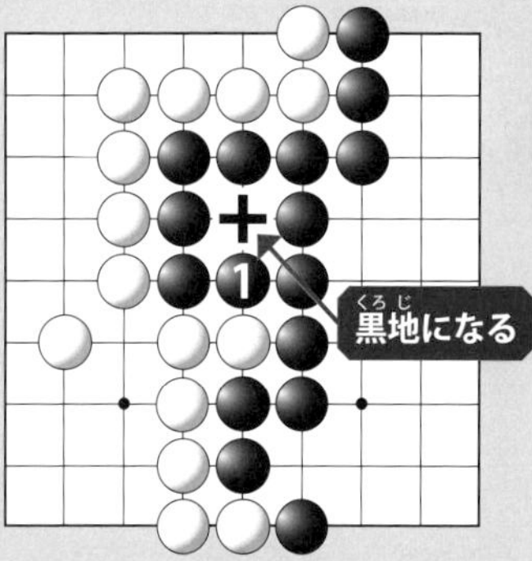

黒《くろ》❶に打《う》って終局《しゅうきょく》です。❶はダメではありません。+に黒《くろ》地《じ》を1目作《もくつく》ることができ、得《とく》する1手《て》でした。

答《こた》え チャレンジクイズ 6

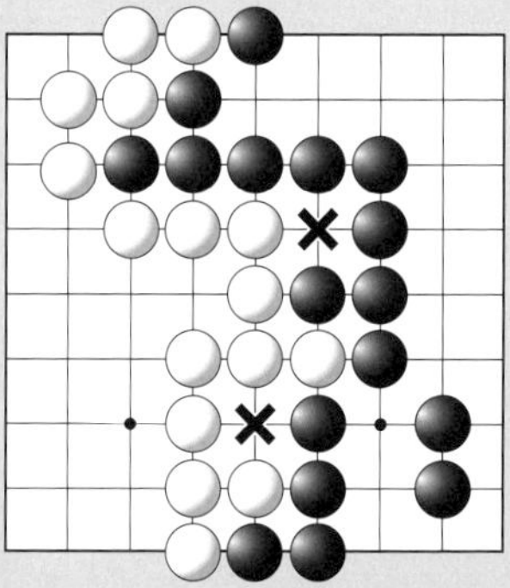

ダメはあります。×の2か所《しょ》がダメです。この2か所《しょ》に置《お》いてもだれの陣地《じんち》にも影響《えいきょう》はないからです。

パート3

石《いし》を取《と》る
コツを学《まな》ぼう

よしっ！
じゃあ このあいだの 続《つづ》きをやろうぜ！
うん 石《いし》の切《き》り方《かた》だったよね
それなら 調《しら》べてきたぞ！
え？
えっへん

オレの目標《もくひょう》は地域《ちいき》トップレベルのモトヤに勝《か》つこと！
少《すこ》しは自分《じぶん》で勉強《べんきょう》しないとな！
アヤタカくんやる気《き》ね！
……
メラメラ
カチャ
たとえば…
こんな感《かん》じだったら黒《くろ》も白《しろ》もつながっているってことだよな？
うんそうね
コクッ

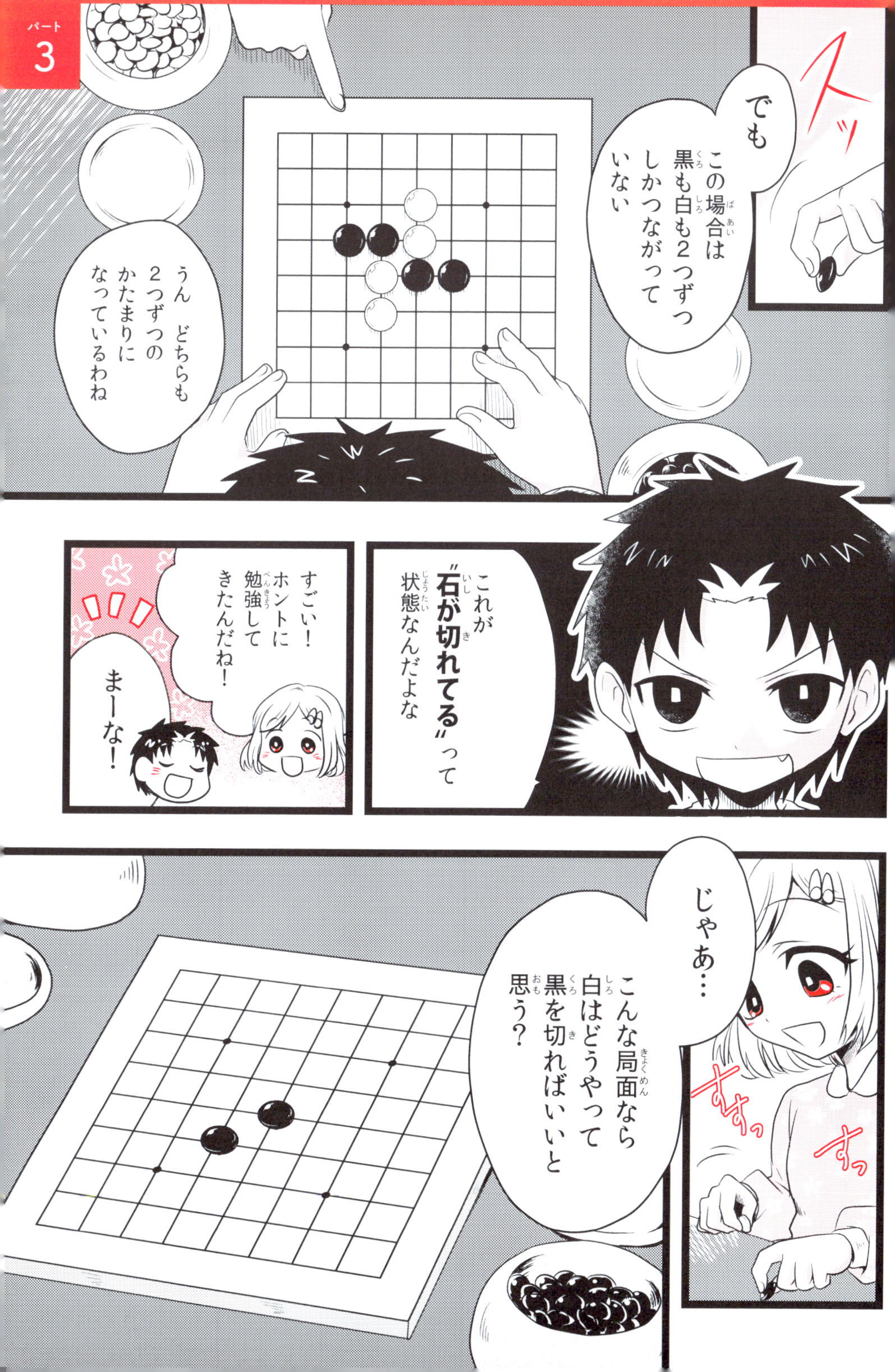
スッ
でも
この場合《ばあい》は 黒《くろ》も白《しろ》も2つずつ しかつながって いない
うん どちらも 2つずつの かたまりに なっているわね
これが "石《いし》が切《き》れてる"って 状態《じょうたい》なんだよな
すごい! ホントに 勉強《べんきょう》して きたんだね!
まーな!
じゃあ…
こんな局面《きょくめん》なら 白《しろ》はどうやって 黒《くろ》を切《き》ればいいと 思《おも》う?
すっ
すっ

石《いし》を切《き》る①

囲碁《いご》は石《いし》をつなげ（連結《れんけつ》し）て陣地《じんち》を作《つく》るゲームです。自分《じぶん》の石《いし》がつながっているのか、切《き》られているのかをつねに意識《いしき》しましょう。

タテでもヨコでもなくナナメだね

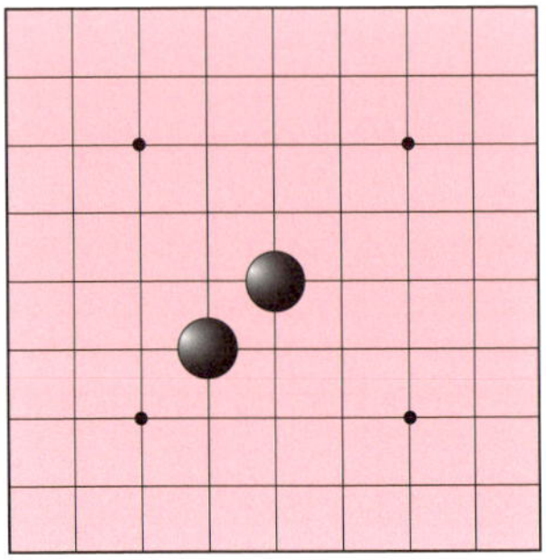

このナナメの２つの黒石《くろいし》はつながっているか考《かんが》えてみましょう。

1

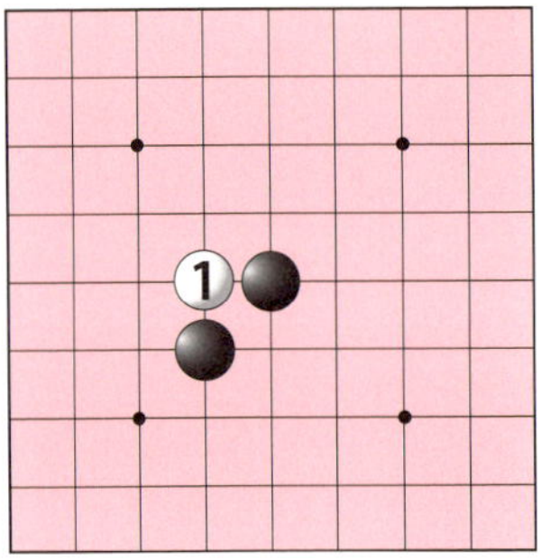

もし白《しろ》が①と打《う》って、切《き》ろうとしてきたら……

2

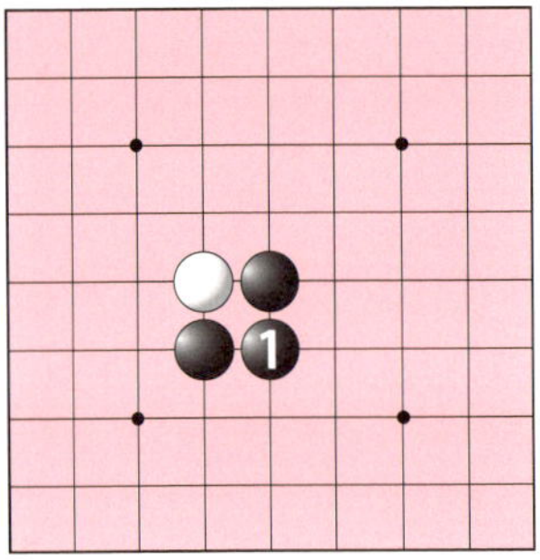

黒《くろ》は❶と打《う》ってつながることができます。だから**ナナメでも間接的《かんせつてき》につながっている**とみなせるのです。

まだ石《いし》は切《き》られてないのか！

つながる方法《ほうほう》があるならつながってることになるの
まだまだ～!!
そうか！一瞬《いっしゅん》切《き》られたかと思《おも》ったけど……あきらめるのはまだ早《はや》い！

石《いし》を切《き》る②

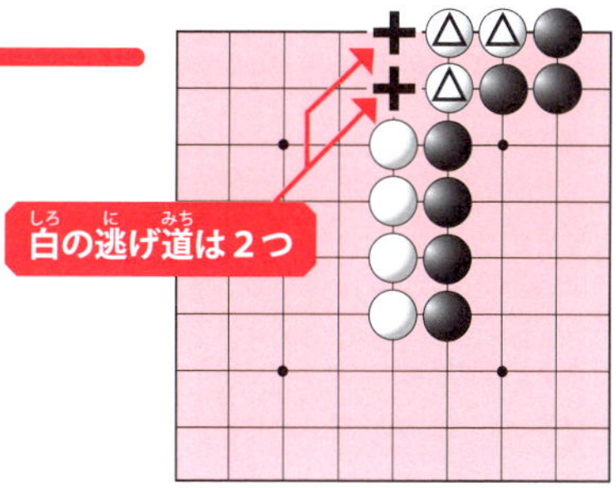
白《しろ》の逃《に》げ道《みち》は2つ

石《いし》を切《き》ることで白《しろ》△3つを取《と》る方法《ほうほう》を考《かんが》えてみましょう。白《しろ》△は✚2か所《しょ》だけ逃《に》げ道《みち》があります。

1

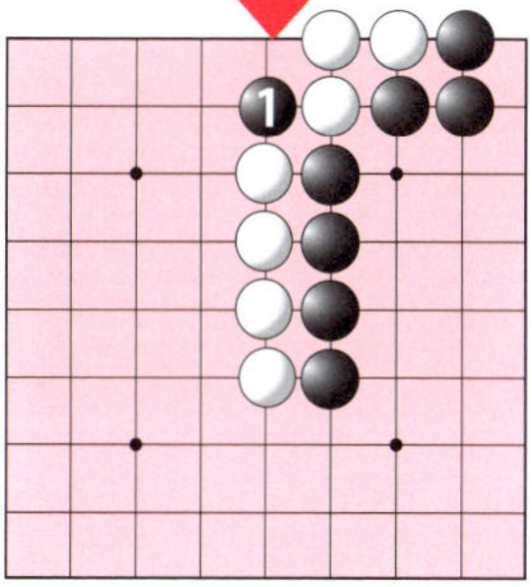

2つの✚のうちの下《した》、黒《くろ》❶と打《う》ってアタリにすると……。

2

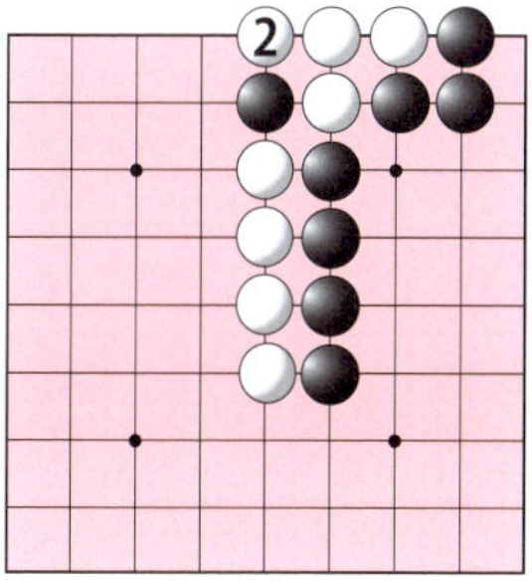

たとえば次《つぎ》の白《しろ》が②に打《う》って逃《に》げても……。

3

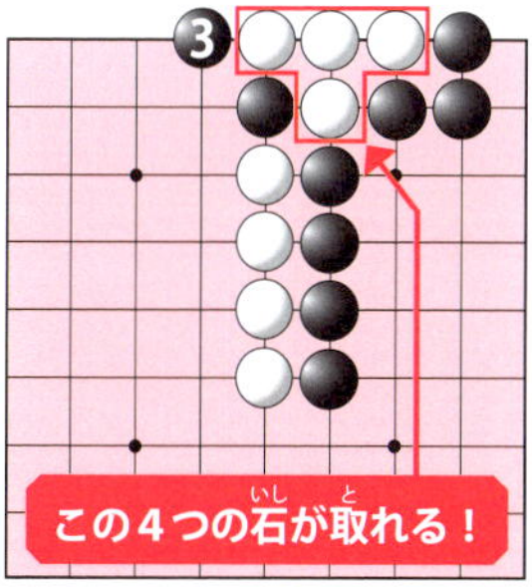
この4つの石《いし》が取《と》れる！

白《しろ》はすでにアタリ。黒《くろ》❸で切《き》って取《と》ることができます。石《いし》を取《と》るときには、切《き》るところに打《う》つのがコツです。

1

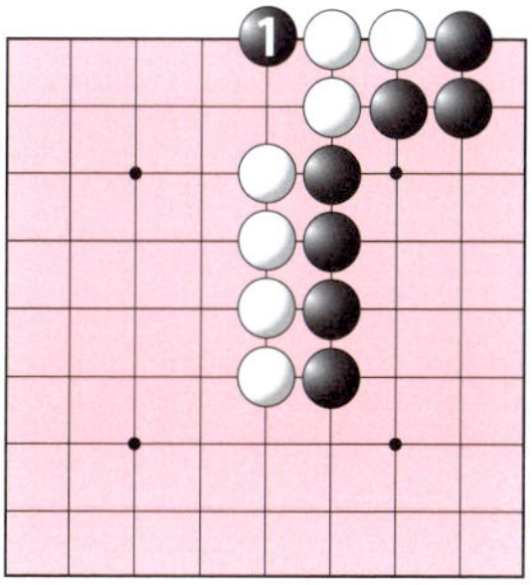

2つの✚のうちの上《うえ》、黒《くろ》❶と打《う》ってアタリにすると……。

2

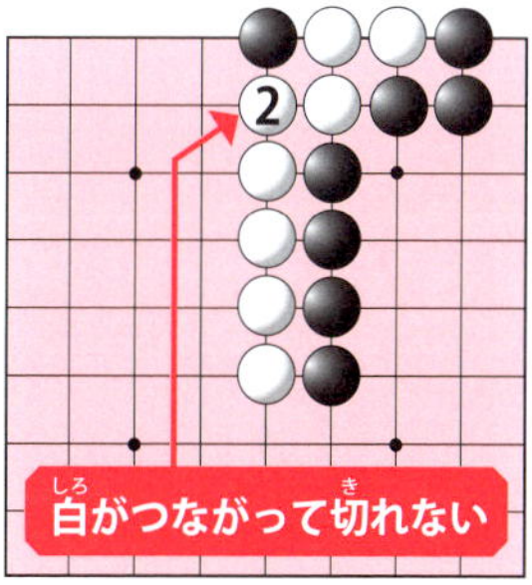
白《しろ》がつながって切《き》れない

次《つぎ》の白《しろ》が②と打《う》つと、白《しろ》が下《した》の4つとつながってしまいました。こうなるともう取《と》ることはできなくなりますので失敗《しっぱい》です。

つまり“石《いし》を切《き》る”っていうのは
相手《あいて》の石《いし》が連結《れんけつ》できないように打《う》つってことなんだな！
切られた～
ただ…そのあと実際《じっさい》にどうすれば石《いし》を取《と》れるのかがよくわからないんだよなあ
あのねコツは
まて～
『相手《あいて》を盤《ばん》の隅《すみ》に追《お》いつめる』ことと『味方《みかた》のいるほうに追《お》う』ことなの
こっちこっち
？？
カチャカチャ
う～ん……どういうことだ？
たとえばこんな局面《きょくめん》だとするでしょ
パチ
そしたら……
こんなふうに打《う》っていけば相手《あいて》を追《お》いつめられるの

相手《あいて》を隅《すみ》に追《お》いつめる①

逃《に》げ道《みち》をふさぐように隅《すみ》に追《お》いつめていきながら、相手《あいて》の石《いし》を取《と》る方法《ほうほう》を学《まな》びましょう。

1

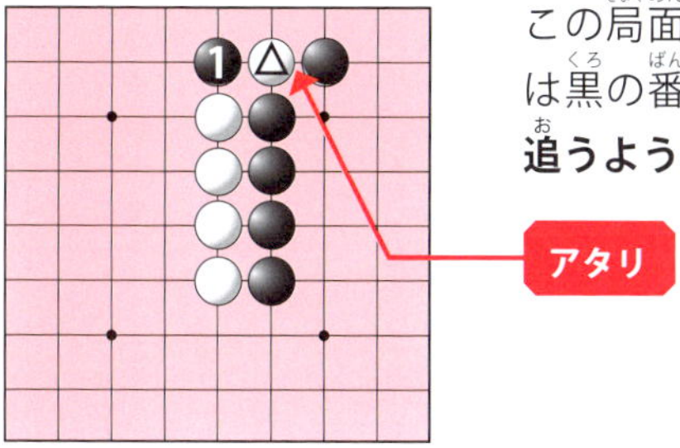

この局面《きょくめん》から考《かんが》えてみましょう。次《つぎ》は黒《くろ》の番《ばん》です。**相手《あいて》（白《しろ》△）を隅《すみ》に追《お》うように黒《くろ》❶と打《う》ちます。**

2

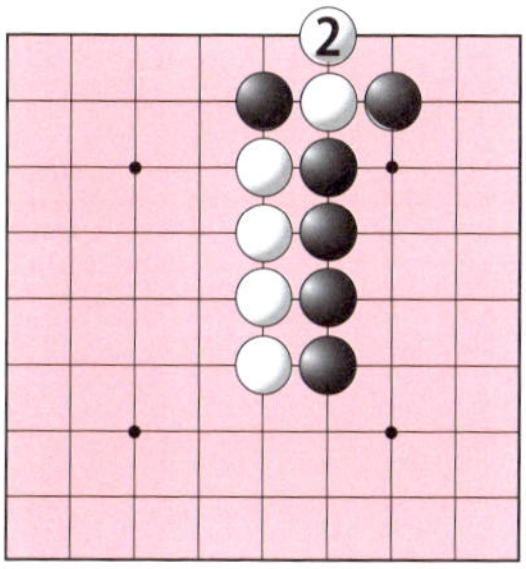

アタリ（あと一手《いって》で取《と》られる形《かたち》）ですので、白《しろ》は②と逃《に》げます。

3

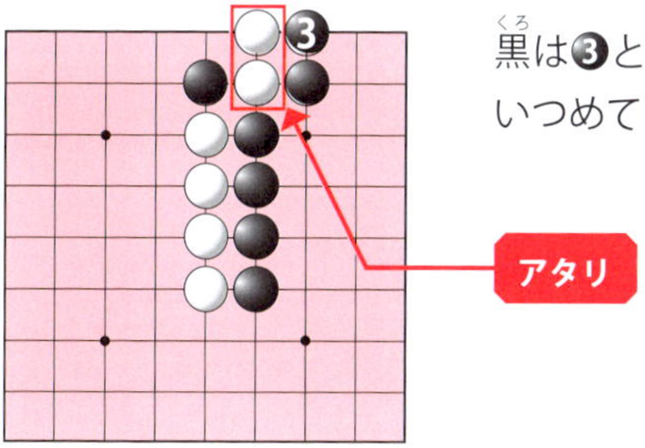

黒《くろ》は❸と打《う》ってまたアタリにして追《お》いつめていきます。

← 次《つぎ》のページにつづくよ

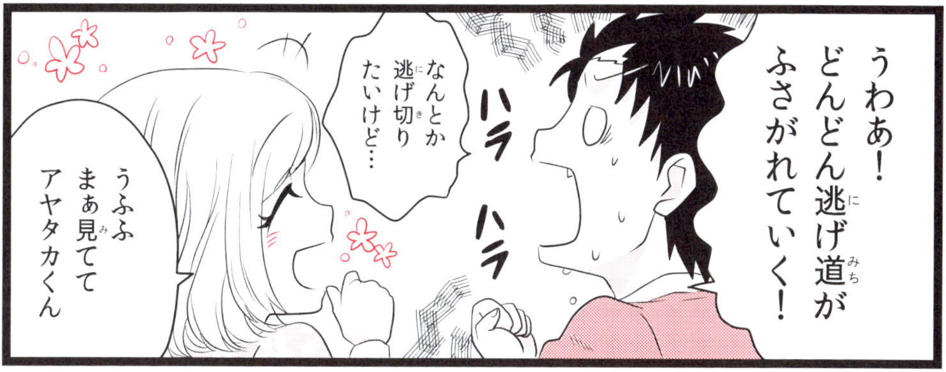

相手《あいて》を隅《すみ》に追《お》いつめる②

4

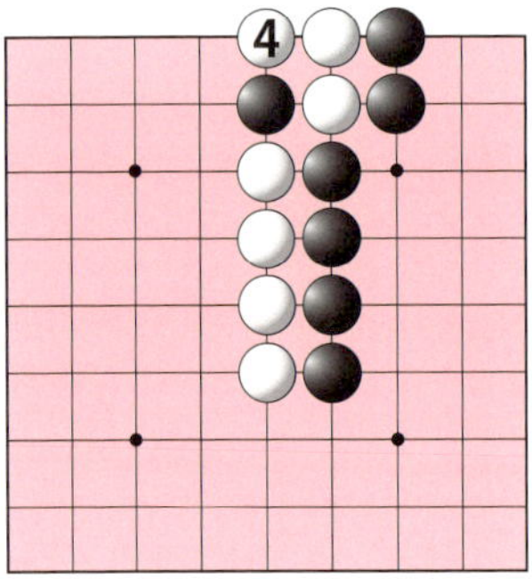

4

アタリだから、白《しろ》はさらに④と逃《に》げますが……。

5

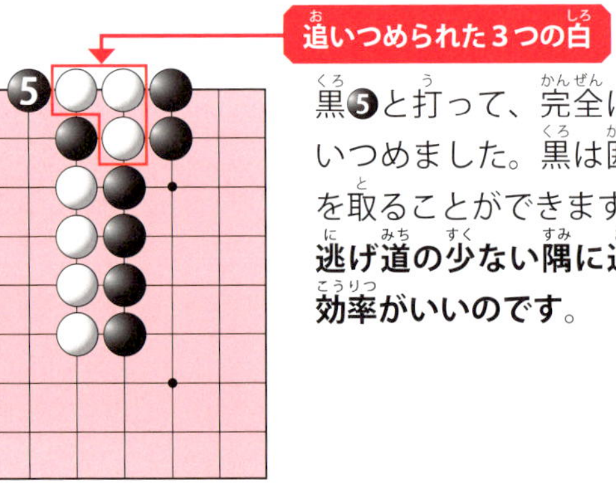

追《お》いつめられた3つの白《しろ》
5

黒《くろ》❺と打《う》って、完全《かんぜん》に相手《あいて》を隅《すみ》に追《お》いつめました。黒《くろ》は囲《かこ》んだ３つの白《しろ》を取《と》ることができます。このように、**逃《に》げ道《みち》の少《すく》ない隅《すみ》に追《お》いつめるのは効率《こうりつ》がいいのです。**

失敗例《しっぱいれい》

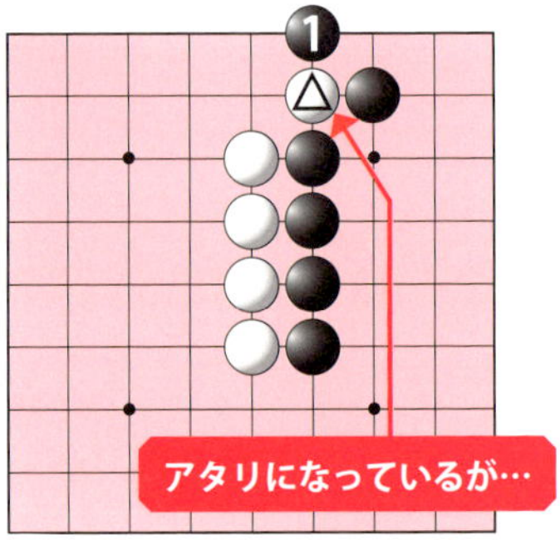

1
アタリになっているが…

1 では、同《おな》じ局面《きょくめん》で黒《くろ》❶と打《う》って、白《しろ》△をアタリにした場合《ばあい》を考《かんが》えてみましょう。

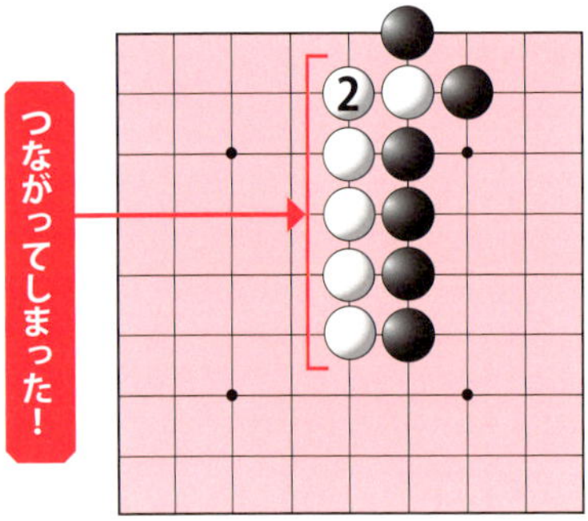

つながってしまった!
2

2 次《つぎ》の白《しろ》が②と逃《に》げると、白《しろ》４つとつながります。これではもう取《と》ることはできません。相手《あいて》を隅《すみ》に追《お》いつめなかったので失敗《しっぱい》です。

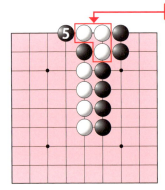

そして最後《さいご》に ここに打《う》てば ……
パチッ
あっ 白《しろ》をうまく 囲《かこ》めた！
ジャラ
ジャラ
もうひとつ こんな局面《きょくめん》
あれ？ 黒《くろ》2つが ピンチなんじゃ ないか？
そう！ だから 黒《くろ》はこうやって ……
ぴっ

味方《みかた》のいるほうに追《お》う①

つねに自分《じぶん》の陣地《じんち》のほうへ相手《あいて》を追《お》うことを意識《いしき》すれば、有利《ゆうり》に対局《たいきょく》を進《すす》めることができます。

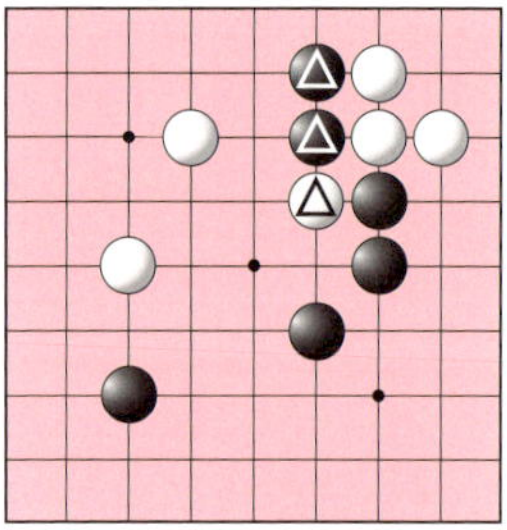

△2つがピンチです。△を取《と》ることでつながれば助《たす》かりそうです。どう打《う》ったらいいか考《かんが》えてみましょう。

失敗例《しっぱいれい》

1

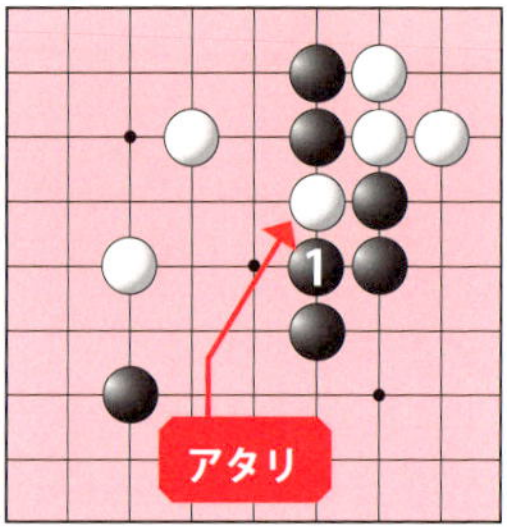

黒《くろ》❶と打《う》ってアタリ（あと一手《いって》で取《と》れる形《かたち》）にしてみましょう。

2

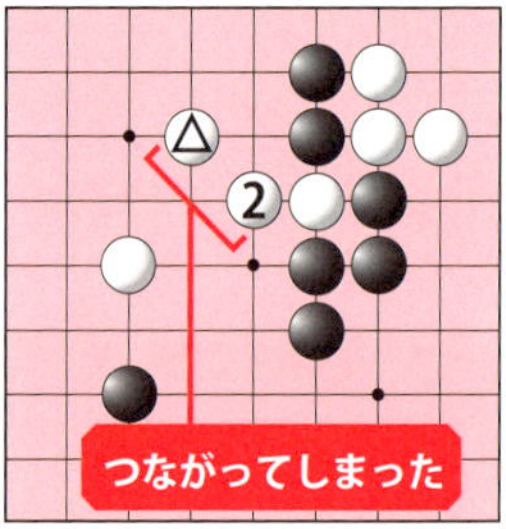

次《つぎ》の白《しろ》に②と逃《に》げられると、△とつながってしまいます。こうなると黒《くろ》2つは孤立《こりつ》してしまい、逃《に》げられそうにありません。失敗《しっぱい》です。

成功例《せいこうれい》

1

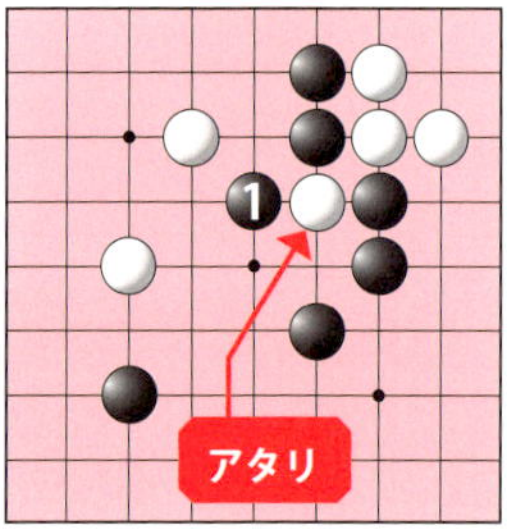

黒《くろ》❶のほうからアタリにするのはどうでしょうか。

← 次《つぎ》のページ2へ

味方《みかた》のいるほうに追《お》う②

2

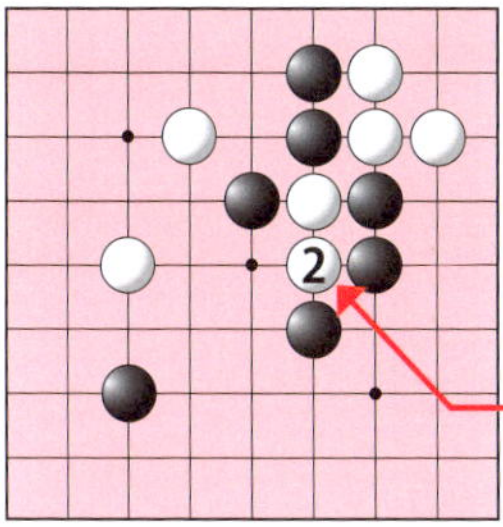

白《しろ》は逃《に》げるしかない

前《ぜん》ページの「成功例《せいこうれい》」のつづきです。次《つぎ》の白《しろ》が②と逃《に》げました。さて、この白《しろ》はどんな状態《じょうたい》でしょうか。

3

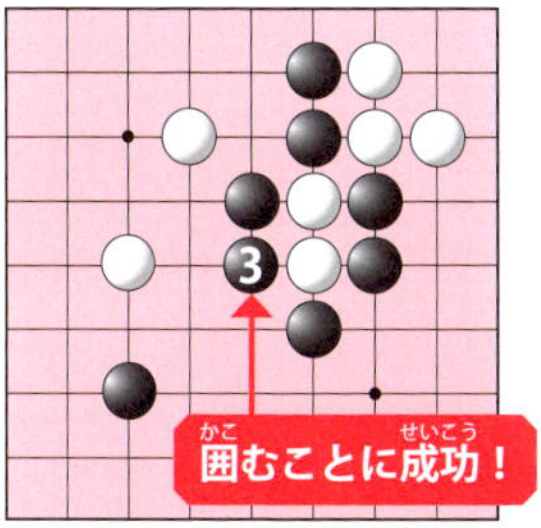

白《しろ》はアタリの状態《じょうたい》でしたので、黒《くろ》❸と打《う》って取《と》ることができます。

4

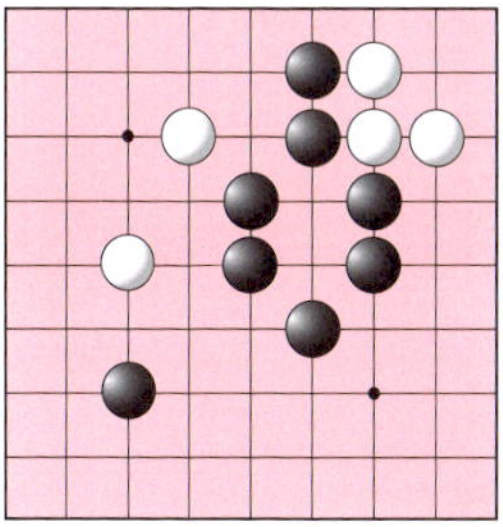

黒《くろ》が白《しろ》２つを取《と》ったあとの形《かたち》です。味方《みかた》のいるほうへ追《お》い込《こ》んで石《いし》を取《と》ることに成功《せいこう》しました。

成功例《せいこうれい》と失敗例《しっぱいれい》

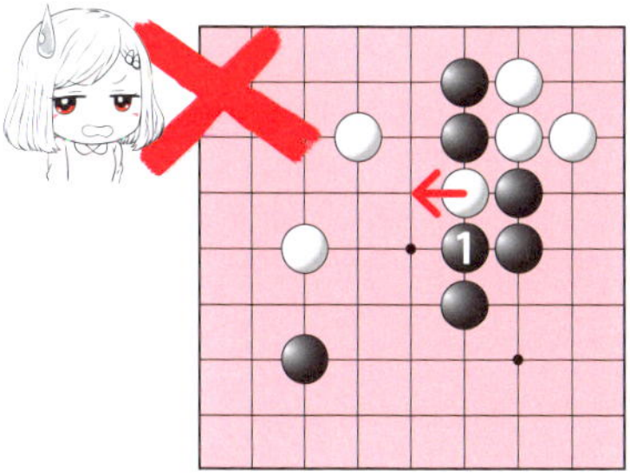

黒《くろ》❶とアタリにしても、相手《あいて》に逃《に》げ道《みち》を与《あた》えてしまう失敗例《しっぱいれい》。

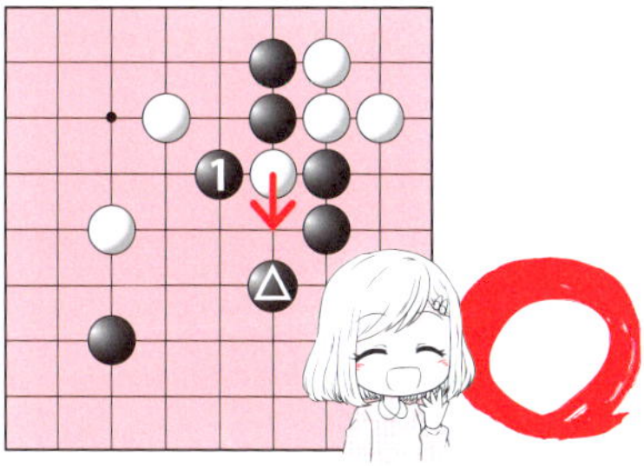

黒《くろ》❶と打《う》って、味方《みかた》の▲のほうへ追《お》い込《こ》むことがポイント。

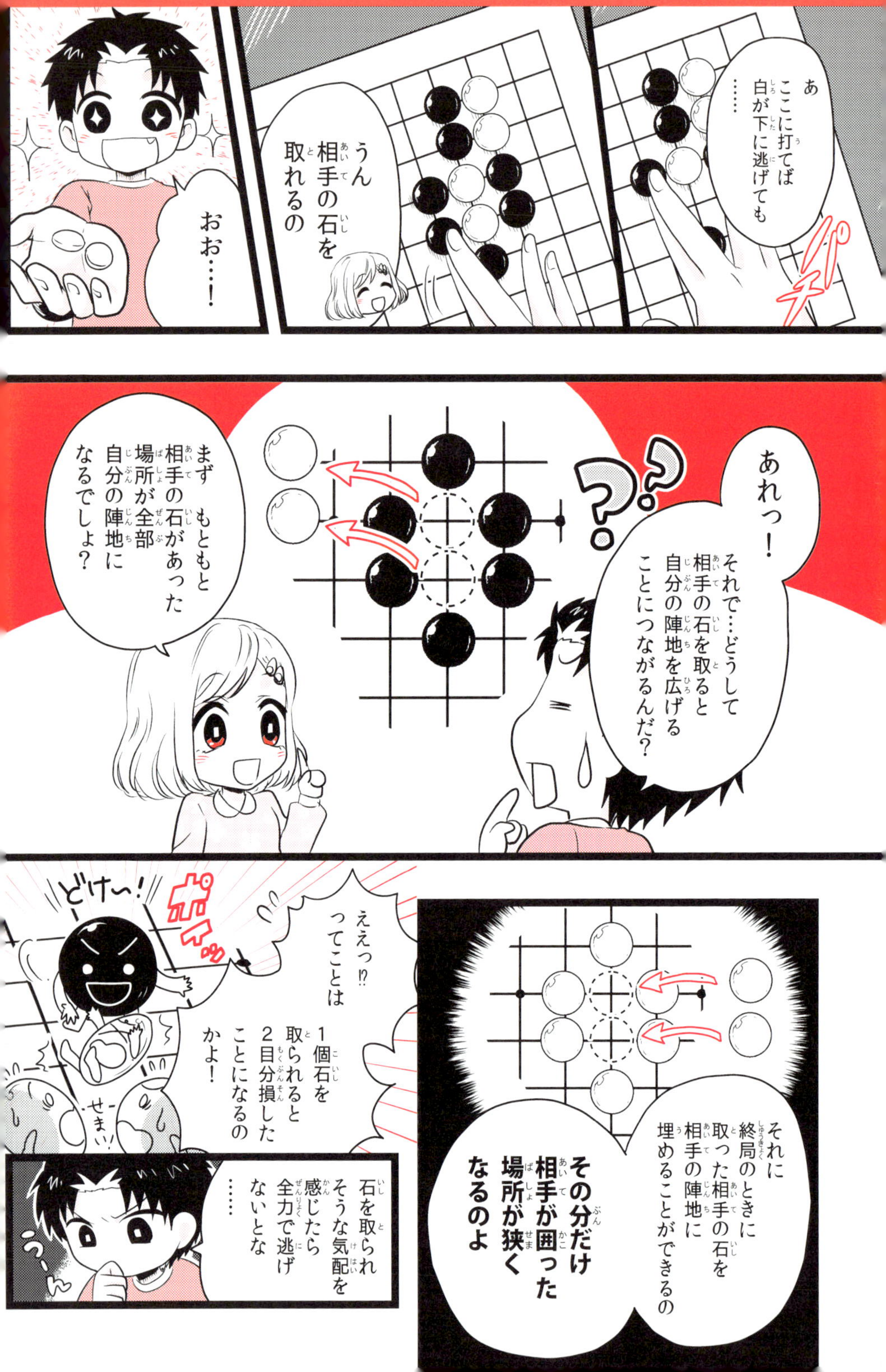
あ
ここに打《う》てば
白《しろ》が下《した》に逃《に》げても
……
パチ
うん
相手《あいて》の石《いし》を
取《と》れるの
おお……！
あれっ！
??
それで…どうして
相手《あいて》の石《いし》を取《と》ると
自分《じぶん》の陣地《じんち》を広《ひろ》げる
ことにつながるんだ？
まず　もともと
相手《あいて》の石《いし》があった
場所《ばしょ》が全部《ぜんぶ》
自分《じぶん》の陣地《じんち》に
なるでしょ？
それに
終局《しゅうきょく》のときに
取《と》った相手《あいて》の石《いし》を
相手《あいて》の陣地《じんち》に
埋《う》めることができるの
その分《ぶん》だけ
相手《あいて》が囲《かこ》った
場所《ばしょ》が狭《せま》く
なるのよ
ええっ⁉
ってことは
1個石《こいし》を
取《と》られると
2目分損《もくぶんそん》した
ことになるの
かよ！
どけ〜！
ポイッ
せまい！
石《いし》を取《と》られ
そうな気配《けはい》を
感《かん》じたら
全力《ぜんりょく》で逃《に》げ
ないとな
……
う〜ん

それがそうでも
ないのよ
ぬっ
ビクーッ
うわあっ!
え
どういうこと
?
サキちゃん
ちょっと
代《か》わって
ごらん
アヤタカくん
こんな局面《きょくめん》なら
どうする?
簡単《かんたん》!
もちろん
こうだよ!
上《うえ》の1個《こ》
もーらいっ♪
ひょーいっ

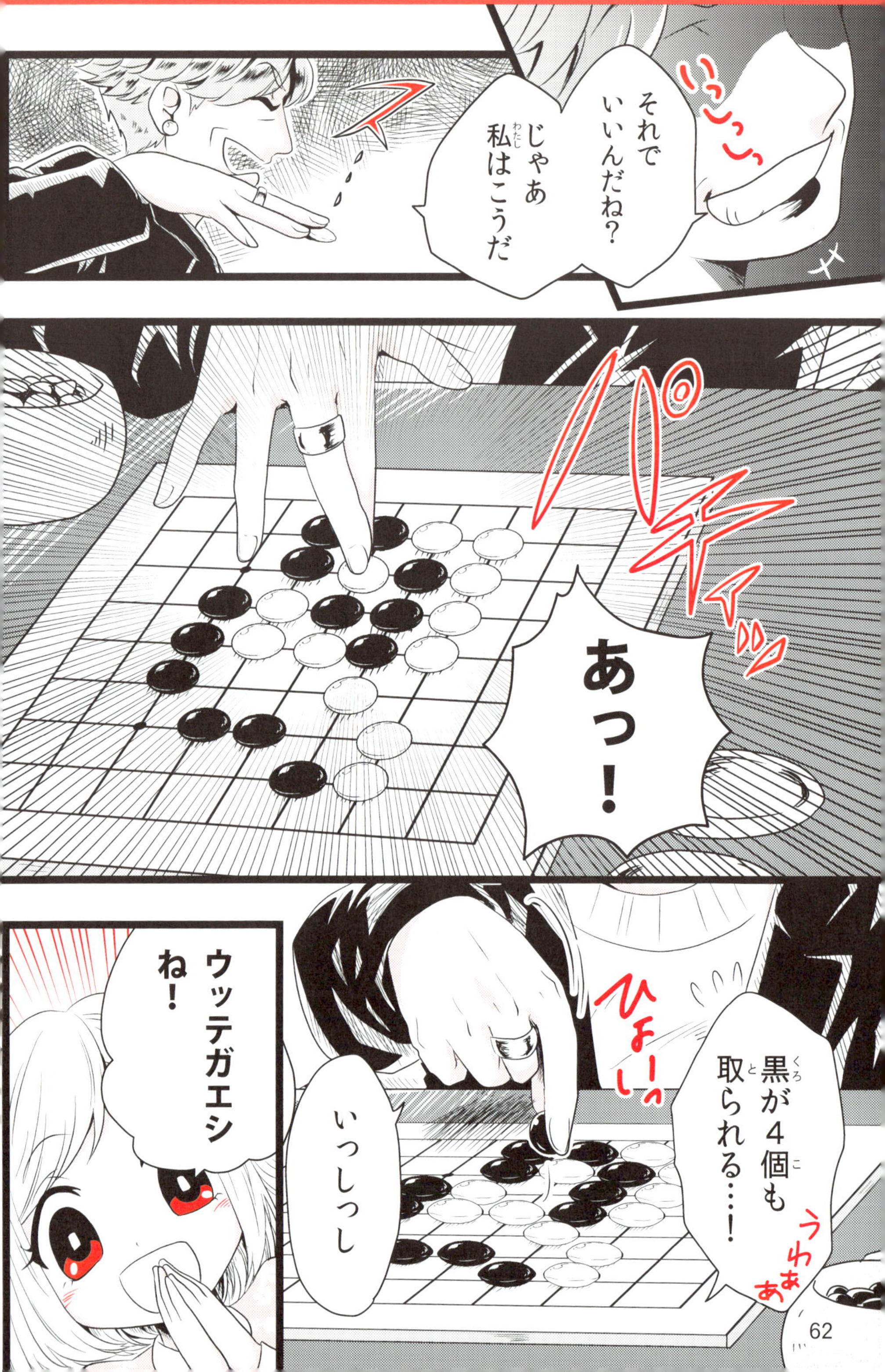
それでいいんだね?
じゃあ私《わたし》はこうだ
パチィッ
あっ!
黒《くろ》が4個《こ》も取《と》られる…!
うわああ
ひょーいっ
いっしっし
ウッテガエシね!

ウッテガエシ①

自分《じぶん》の石《いし》を捨《す》て石《いし》（犠牲《ぎせい》）にして取《と》らせて、そのあとで何倍《なんばい》もの利益《りえき》を得《え》るテクニックがウッテガエシです。

1

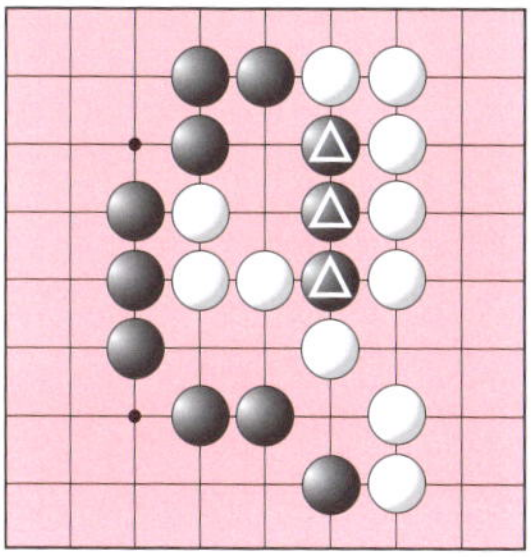

次《つぎ》は白《しろ》の番《ばん》です。△3つを取《と》る方法《ほうほう》がありますが、考《かんが》えてみましょう。

2

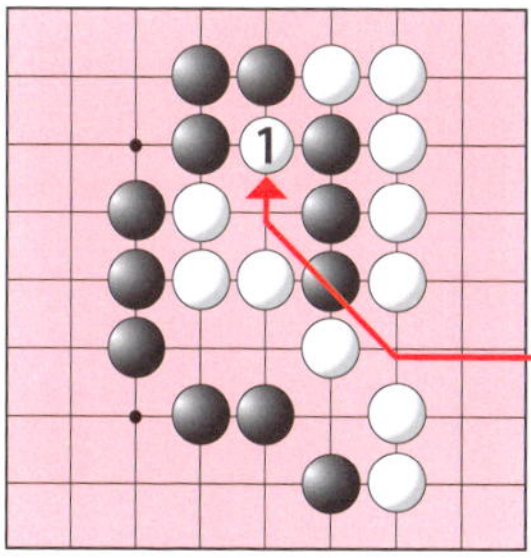

白《しろ》①とわざとアタリにされ（あと一《いっ》手《て》で取《と》られ）に行《い》くのが好手《こうしゅ》です。

自分《じぶん》からアタリにされる

アタリになっている白《しろ》①を取《と》るべきだよね…

3

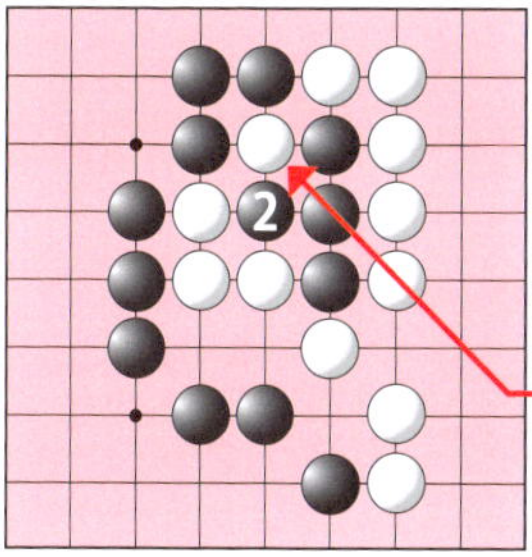

次《つぎ》の黒《くろ》が②と打《う》ってアタリになっている白《しろ》①を取《と》ります。

囲《かこ》まれて取《と》られる

← 次のページにつづくよ

こんな状況《じょうきょう》だったら大喜《おおよろこ》びで白《しろ》をひとつとっちゃうよ〜！
うおおおお〜
いっしっしっ
それが白《しろ》の狙《ねら》いさ！

ウッテガエシ②

4

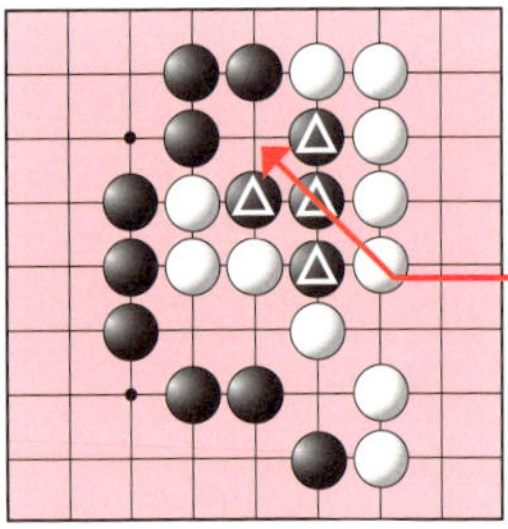

白《しろ》①が取《と》られたあとの形《かたち》をよく見《み》てみましょう。4つの△がアタリになっていますね。

白《しろ》が取《と》られたここに注目《ちゅうもく》！

5

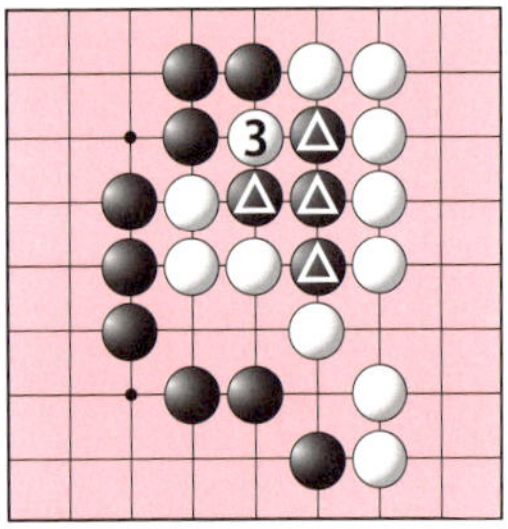

白《しろ》は③と打《う》って黒《くろ》4つを取《と》ることができました。

6

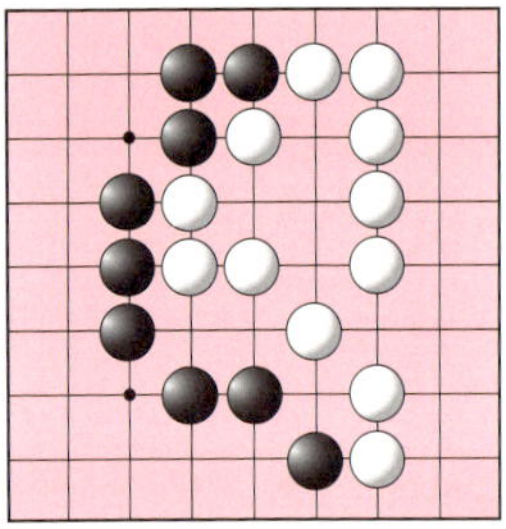

黒《くろ》4つを取《と》ったあとの形《かたち》です。**ウッテガエシでひとつの白石《しろいし》を捨《す》て石《いし》にして、4つの黒石《くろいし》を取《と》る**ことに成功《せいこう》しました。

あれ？ いつのまにか黒《くろ》4つが…！

成功例《せいこうれい》と失敗例《しっぱいれい》

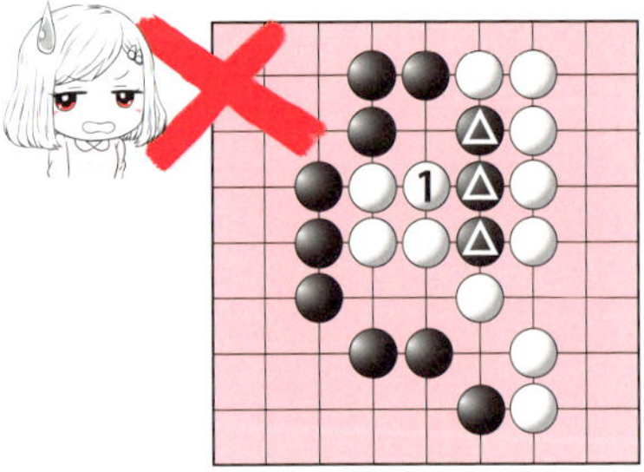

白《しろ》①と打《う》つと、黒《くろ》△3つに逃《に》げるチャンスを与《あた》えてしまう。

白《しろ》①と打《う》って、わざとアタリにされることが、ウッテガエシのポイント。

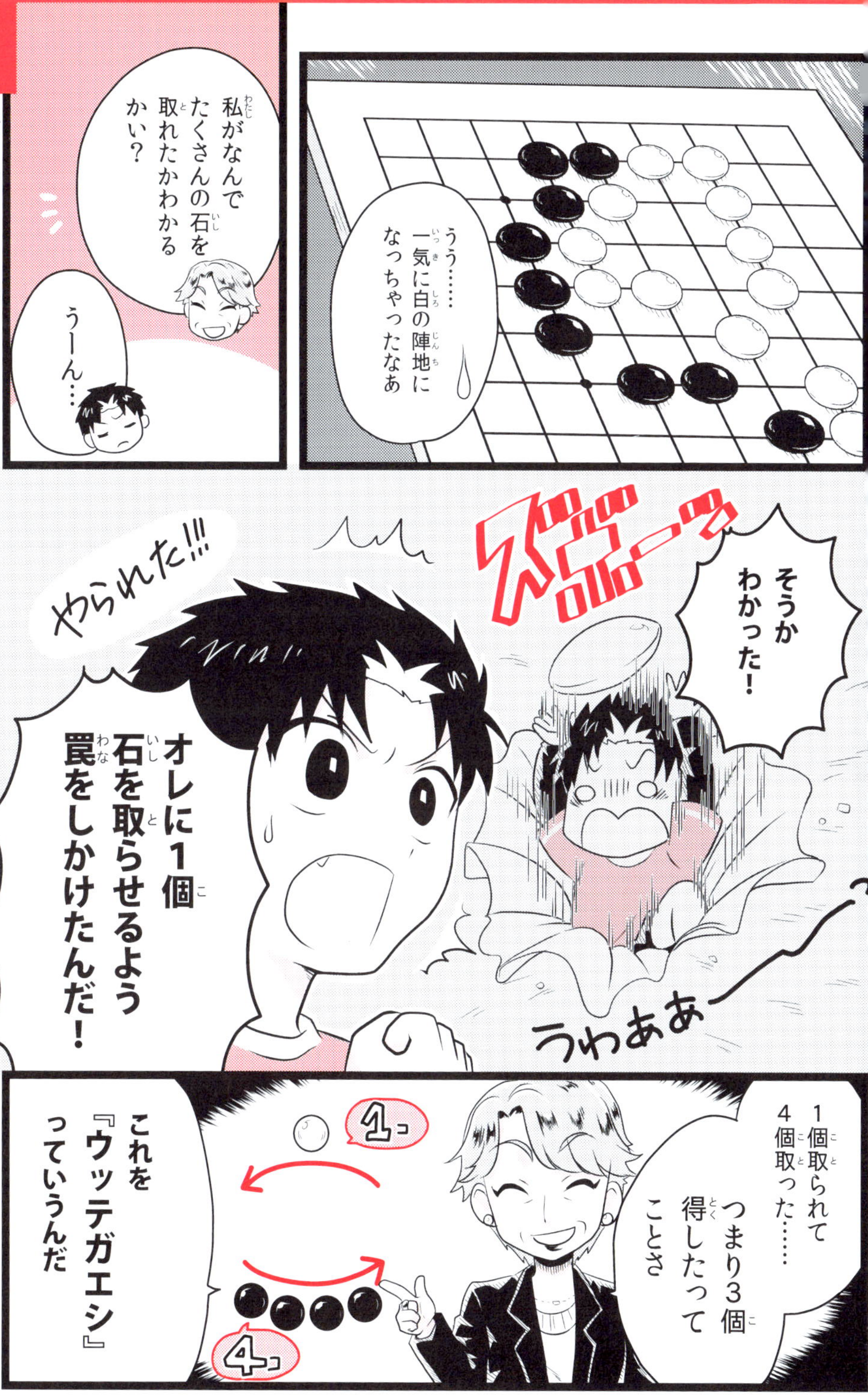
うう……
一気《いっき》に白《しろ》の陣地《じんち》に
なっちゃったなあ
私《わたし》がなんで
たくさんの石《いし》を
取《と》れたかわかる
かい？
うーん…
そうか
わかった！
やられた!!!
オレに1個《こ》
石《いし》を取《と》らせるよう
罠《わな》をしかけたんだ！
うわああ
1個《こ》取《と》られて
4個《こ》取《と》った……
つまり3個《こ》
得《とく》したって
ことさ
1コ
4コ
これを
『ウッテガエシ』
っていうんだ

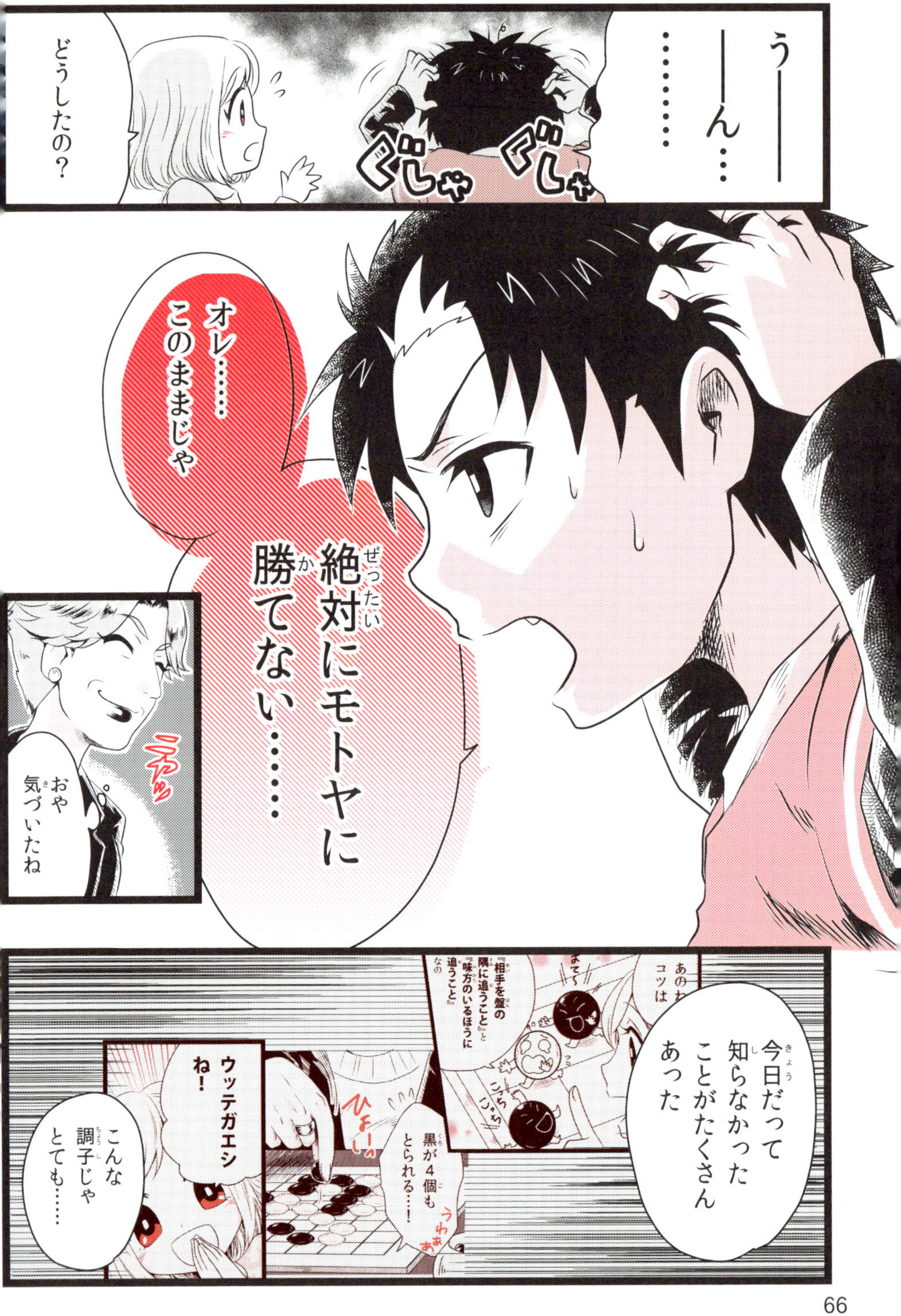
うーーーん……
………
ぐしゃ ぐしゃ
どうしたの？
オレ……
このままじゃ
絶対《ぜったい》にモトヤに
勝《か》てない……
おや
気《き》づいたね
今日《きょう》だって
知《し》らなかった
ことがたくさん
あった
あのね
コツは
『相手《あいて》を盤《ばん》の隅《すみ》に追《お》うこと』と『味方《みかた》のいるほうに追《お》うこと』なの
こっち
こっち
黒《くろ》が4個《こ》も
とられる……！
ウッテガエシ
ね！
こんな
調子《ちょうし》じゃ
とても……

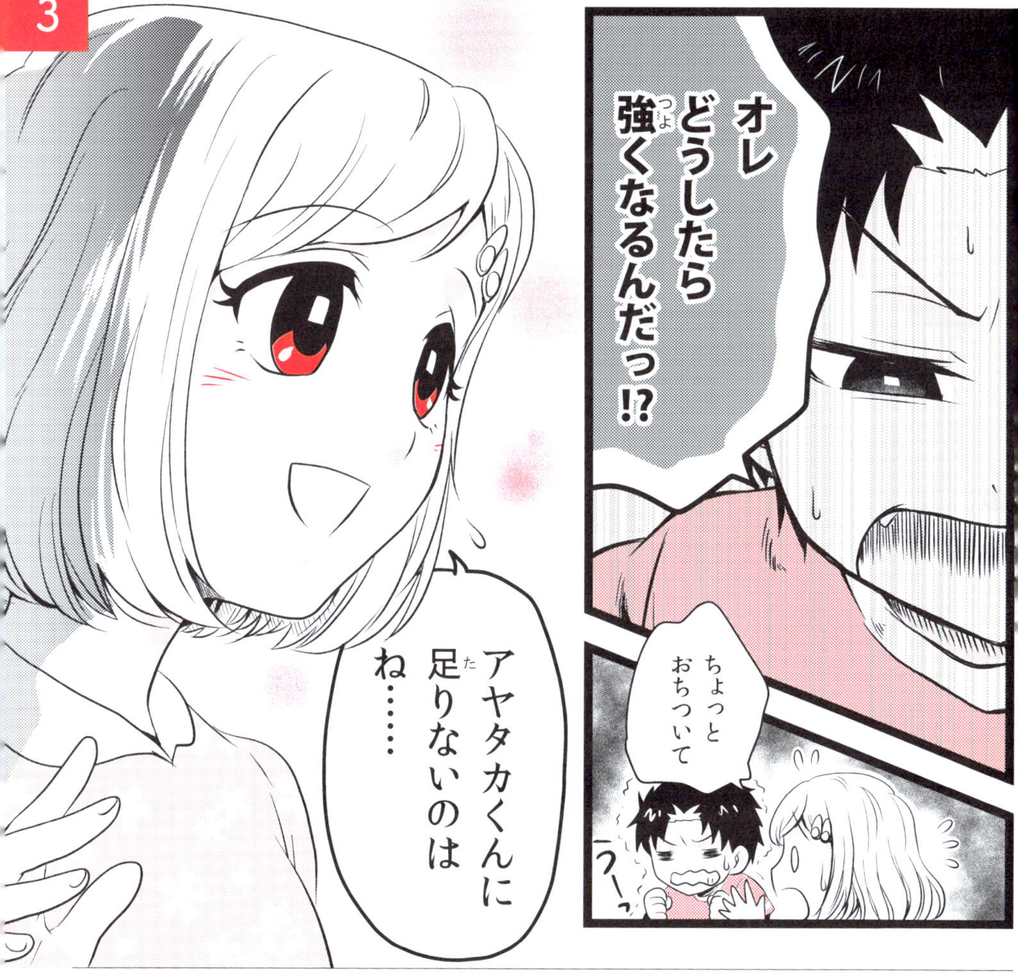

囲碁コラム

問題集《もんだいしゅう》を解《と》いてみよう

囲碁《いご》の勉強方法《べんきょうほうほう》は3つあると紹介《しょうかい》しました（→46ページ）。そのうち「（プロなどの）棋譜《きふ》を並《なら》べる」と「問題集《もんだいしゅう》を解《と》く」ことはひとりでできる勉強方《べんきょうほう》法《ほう》です。問題集《もんだいしゅう》には、石《いし》の形《かたち》や手筋《てすじ》を学《まな》ぶものと、石《いし》の生《い》き死《し》にを練習《れんしゅう》する「詰碁《つめご》」があります。どちらも、問題《もんだい》を見《み》て少《すこ》し考《かんが》えたら、すぐ答《こた》えを見《み》ていいのです。間違《まちが》えた問題《もんだい》は、後日《ごじつ》またトライしましょう。できるまでくり返《かえ》すことが大事《だいじ》なのです。

ありがとうございました！
ペコッ
気《き》をつけて帰《かえ》りなさいね～
よーしっやるぞ～！
メラメラ
その調子《ちょうし》だよ
あそうだ
ビッ！
今度《こんど》の囲碁大会《いごたいかい》に申《もう》し込《こ》んでおいたからね！
えっ！オレが大会《たいかい》に出《で》るの？

小学生囲碁大会
そう
小学生《しょうがくせい》が
3人《にん》1組《くみ》で
戦《たたか》うんだよ
この地域《ちいき》の
小学生《しょうがくせい》が集《あつ》まる
大会《たいかい》さ
3人《にん》1組《くみ》？
アヤタカくんと
サキちゃん
それにモトヤくんで
チームだ
え

囲碁コラム

マネすることからはじめよう

音楽《おんがく》やスポーツなどを習《なら》うとき、先生《せんせい》などのお手《て》本《ほん》を見《み》て、マネすることからはじめる人《ひと》も多《おお》いと思《おも》います。じつは囲碁《いご》も同《おな》じなんです。「棋譜《きふ》を並《なら》べる」のはプロなどのいい碁を、自分《じぶん》の手《て》で盤上《ばんじょう》に再現《さいげん》して並《なら》べていく勉強方法《べんきょうほうほう》です。やっているうちに、自然《しぜん》といい手《て》やいい筋《すじ》、形《かたち》が身《み》についていくのです。最初《さいしょ》は意味《いみ》がわからなくても、気《き》にせず並《なら》べて「こんな感《かん》じなんだ」と、雰囲気《ふんいき》をつかむことから挑戦《ちょうせん》してみましょう。

全問正解《ぜんもんせいかい》を目《め》指《ざ》そう!

チャレンジクイズ 8

黒《くろ》の番《ばん》です。
白《しろ》を切《き》ることができる場所《ばしょ》があります。
それはどこでしょうか?

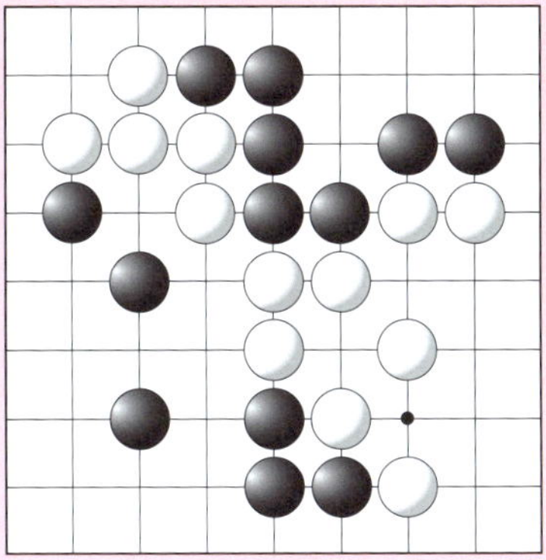

里菜先生《りなせんせい》からのヒント!
ある場所《ばしょ》に打《う》てば、白《しろ》のつながりを切《き》れるの!

チャレンジクイズ 9

黒《くろ》の番《ばん》です。
白《しろ》の△を取《と》る方法《ほうほう》があります。
どうやって取《と》りますか?

里菜先生《りなせんせい》からのヒント!
アタリをかけつづけることがポイントよ!

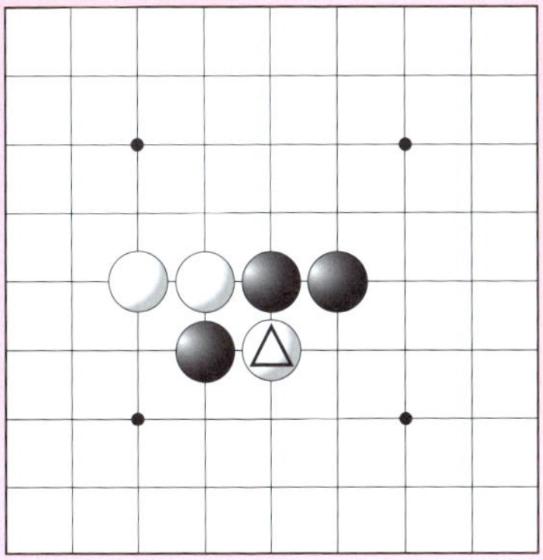

チャレンジクイズ 10

上《うえ》の図《ず》と似《に》ていますが、白《しろ》の△を取《と》るもうひとつの方法《ほうほう》があります。
△をどう取《と》りますか?

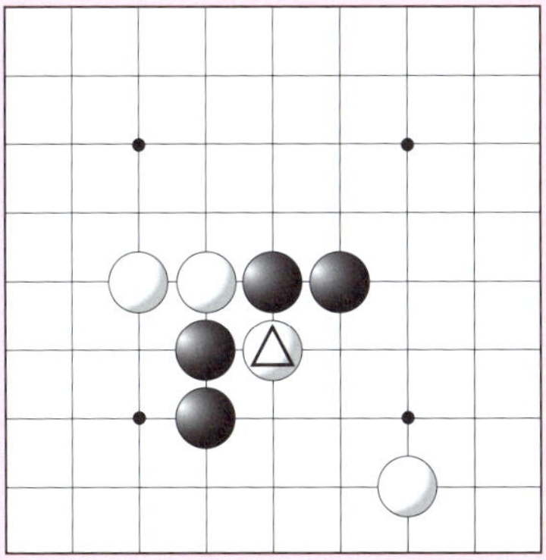

里菜先生《りなせんせい》からのヒント!
すぐにはアタリをかけずに……!

← 答《こた》えは72ページを見《み》てね

答《こた》え

チャレンジクイズ 9

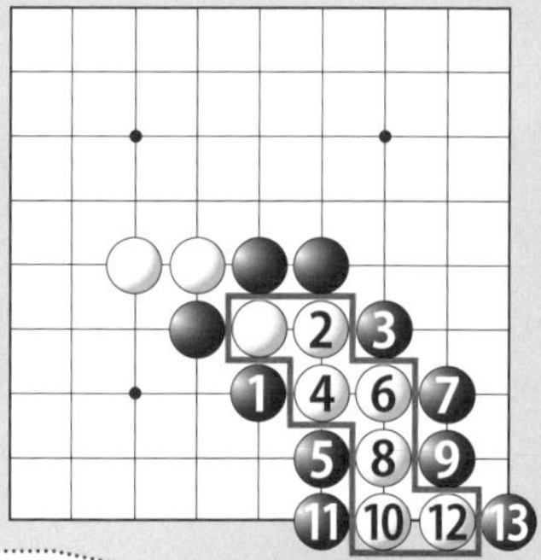

黒《くろ》❶と味方《みかた》のいるほうにアタリをかけます。白《しろ》②の逃《に》げには黒《くろ》❸とアタリをかけ…これをくり返《かえ》して最終的《さいしゅうてき》に囲《かこ》んだ白《しろ》7つを取《と》ります。

ナナメに追《お》いつめる「シチョウ」と言《い》うテクニックね！

答《こた》え

チャレンジクイズ 8

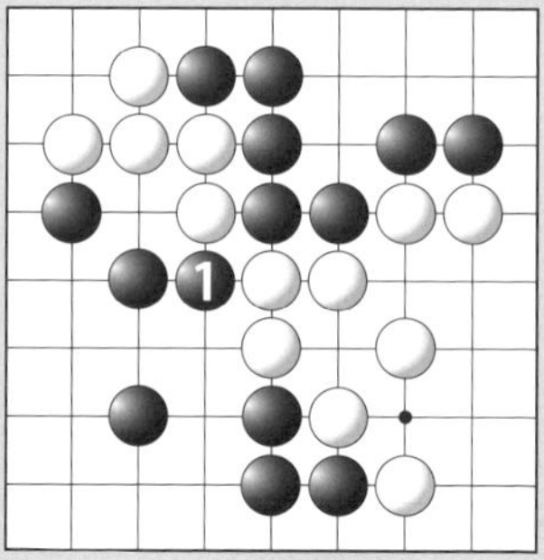

黒《くろ》❶と打《う》ちます。すると左《ひだり》上《うえ》と右下《みぎした》の白《しろ》を切《き》る（分断《ぶんだん》する）ことができます（ナナメにはつながっていません）。逆《ぎゃく》に黒《くろ》❶のところに白《しろ》を打《う》たれると、白《しろ》がつながるので注意《ちゅうい》です。

失《しっ》敗《ぱい》例《れい》

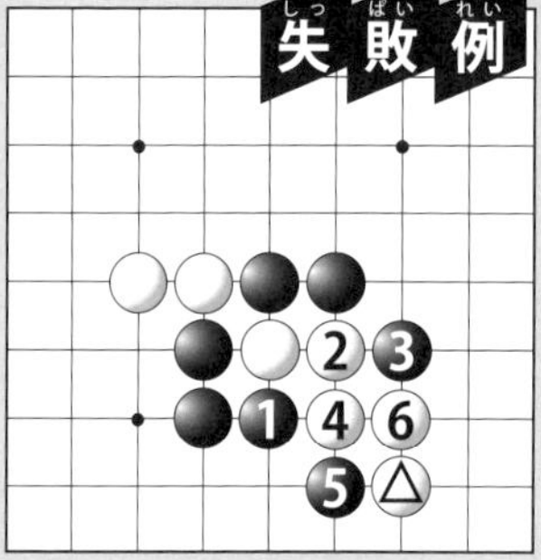

黒《くろ》❶、❸とナナメに追《お》っても取《と》れません。白《しろ》が△につながって逃《に》げられていまいます。

答《こた》え

チャレンジクイズ 10

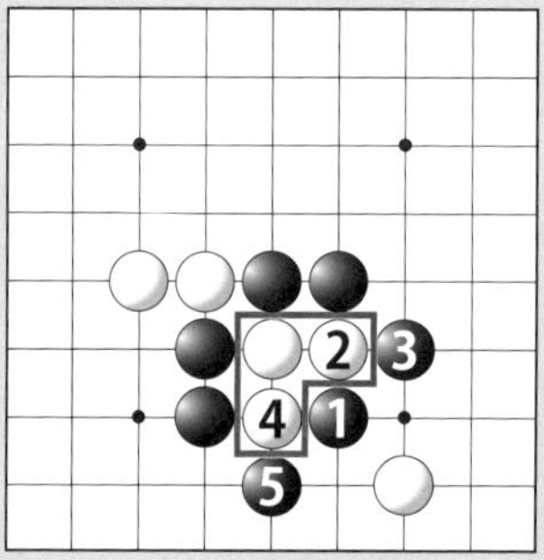

黒《くろ》❶とアタリをかけずに待《ま》ちぶせするのが好手《こうしゅ》です。白《しろ》②には黒《くろ》❸、白《しろ》④には黒《くろ》❺で取《と》ることができます。

黒《くろ》❶のような打《う》ち方《かた》を「ゲタ」と呼《よ》ぶのよ！

全問正解《ぜんもんせいかい》を目《め》指《ざ》そう！

チャレンジクイズ 11

黒《くろ》の番《ばん》です。△3つを取《と》る方法《ほうほう》があります。それはどんな手《て》でしょうか？

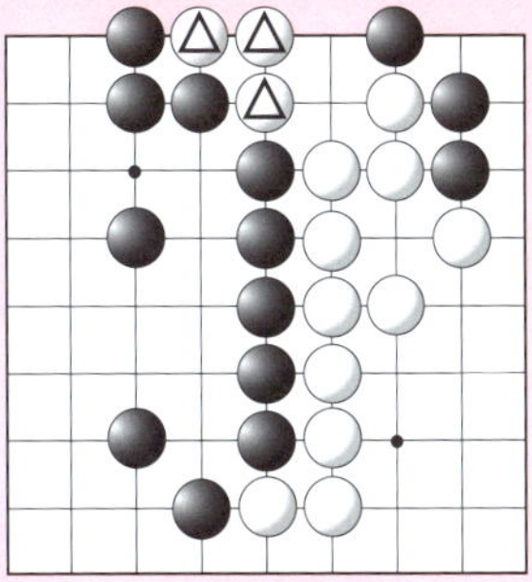

里菜先生《りなせんせい》からのヒント！

黒❶だと白《しろ》②でつながってしまうので、失敗《しっぱい》だよ！

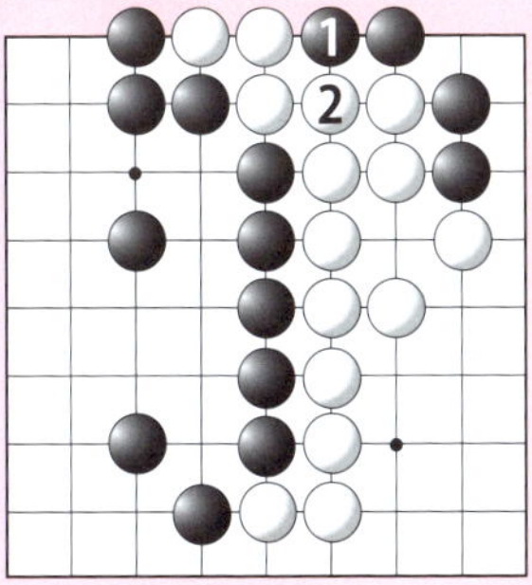

チャレンジクイズ 12

黒《くろ》の番《ばん》です。左右《さゆう》の白《しろ》△2つのどちらかを取《と》る方法《ほうほう》があります。それはどんな手《て》でしょうか？

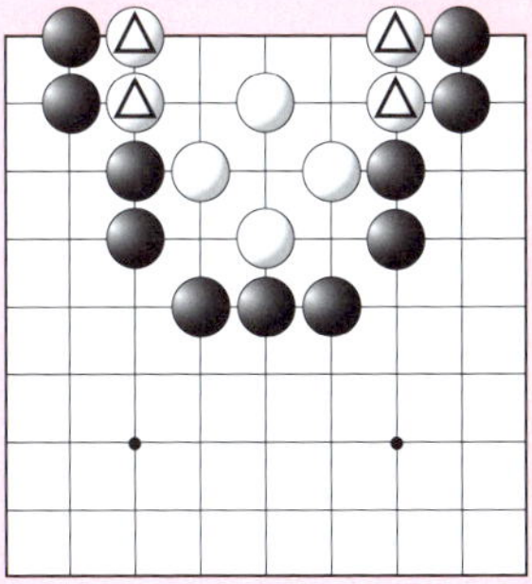

里菜先生《りなせんせい》からのヒント！

アタリアタリの連続《れんぞく》では、うまくいかないわ！

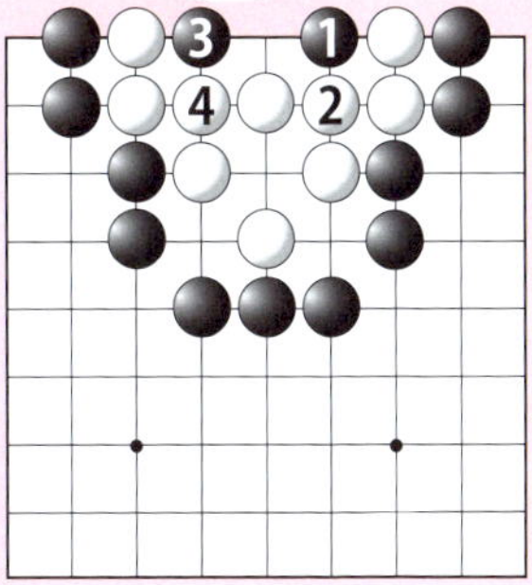

← 答《こた》えは74ページを見《み》てね

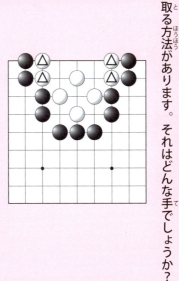

答《こた》え

チャレンジクイズ 11

1

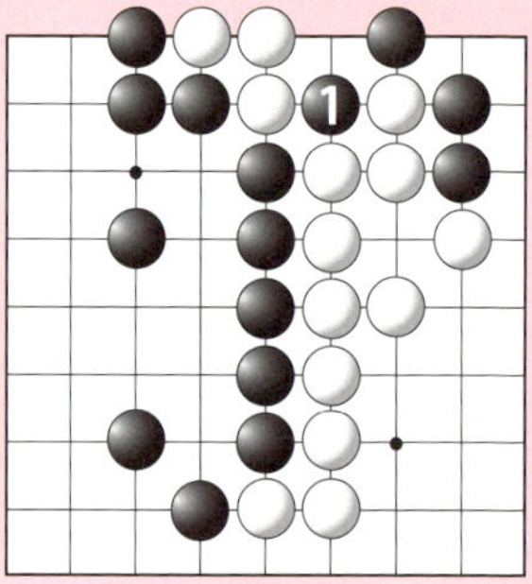

黒《くろ》❶と打《う》つのが正解《せいかい》です。
黒《くろ》❶と打《う》つことで…。

2

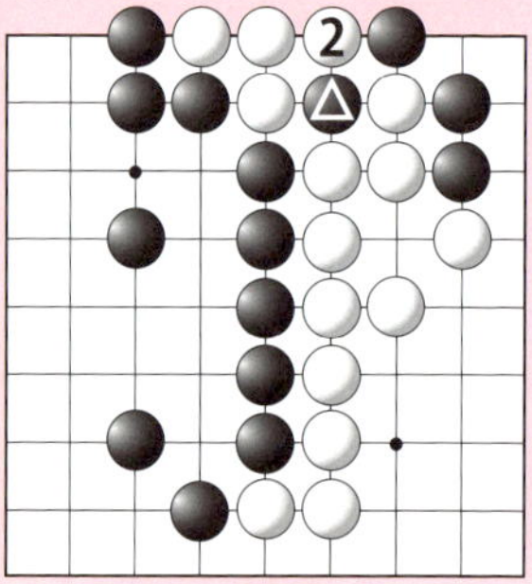

白《しろ》②と打《う》たれて黒《くろ》△は取《と》られますが…。

3

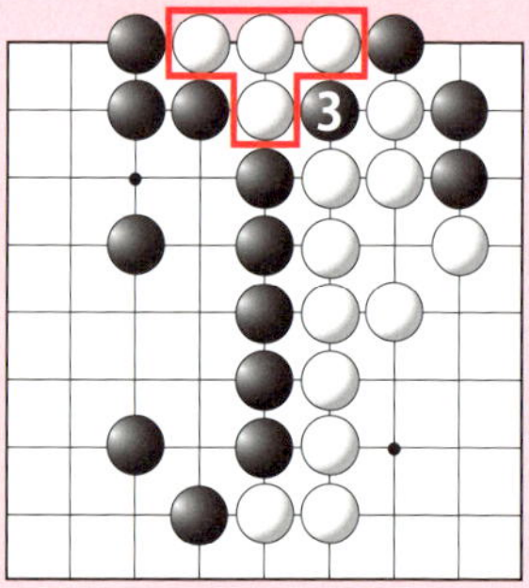

取《と》られた場所《ばしょ》に黒《くろ》❸と打《う》って白《しろ》4つが取《と》れました。ウッテガエシ成功《せいこう》です。

答《こた》え

チャレンジクイズ 12

1

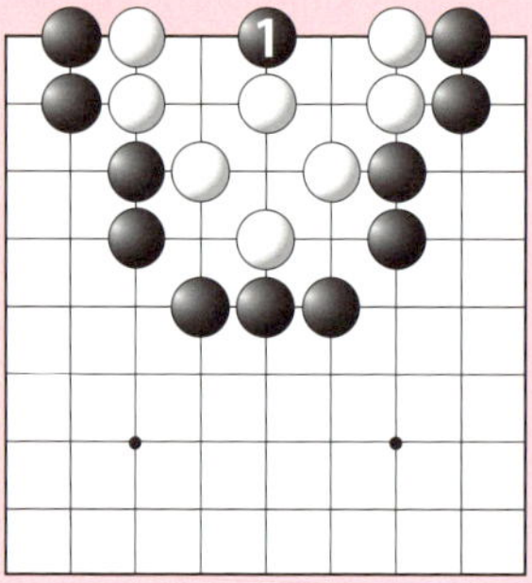

黒《くろ》❶と打《う》つのが正解《せいかい》です。
黒《くろ》❶と打《う》つことで…

2

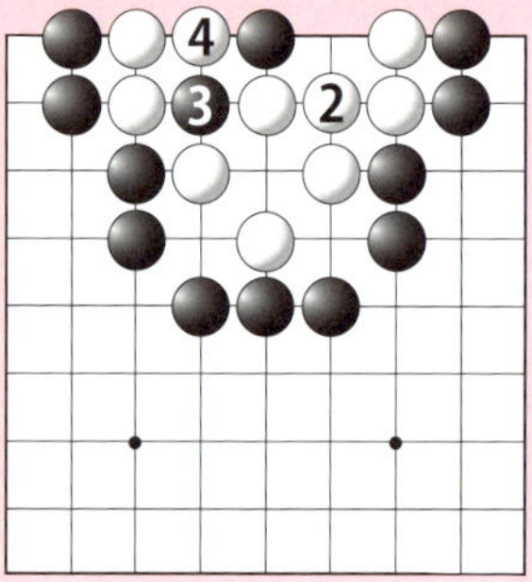

白《しろ》②と右側《みぎがわ》をつなげられても、黒《くろ》❸と打《う》つ。次《つぎ》に白《しろ》④で黒《くろ》❸が取《と》られても…。

3

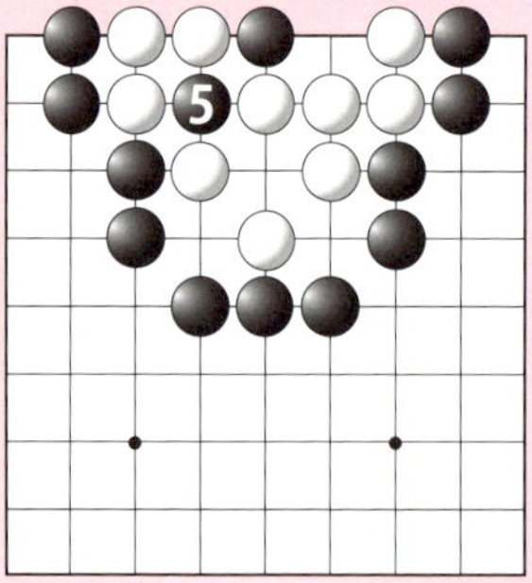

黒《くろ》❺と打《う》ってウッテガエシ成功《せいこう》(白《しろ》②と黒《くろ》❸は逆《ぎゃく》でも正解《せいかい》)。

パート
4
生《い》き死《し》にをおぼえよう

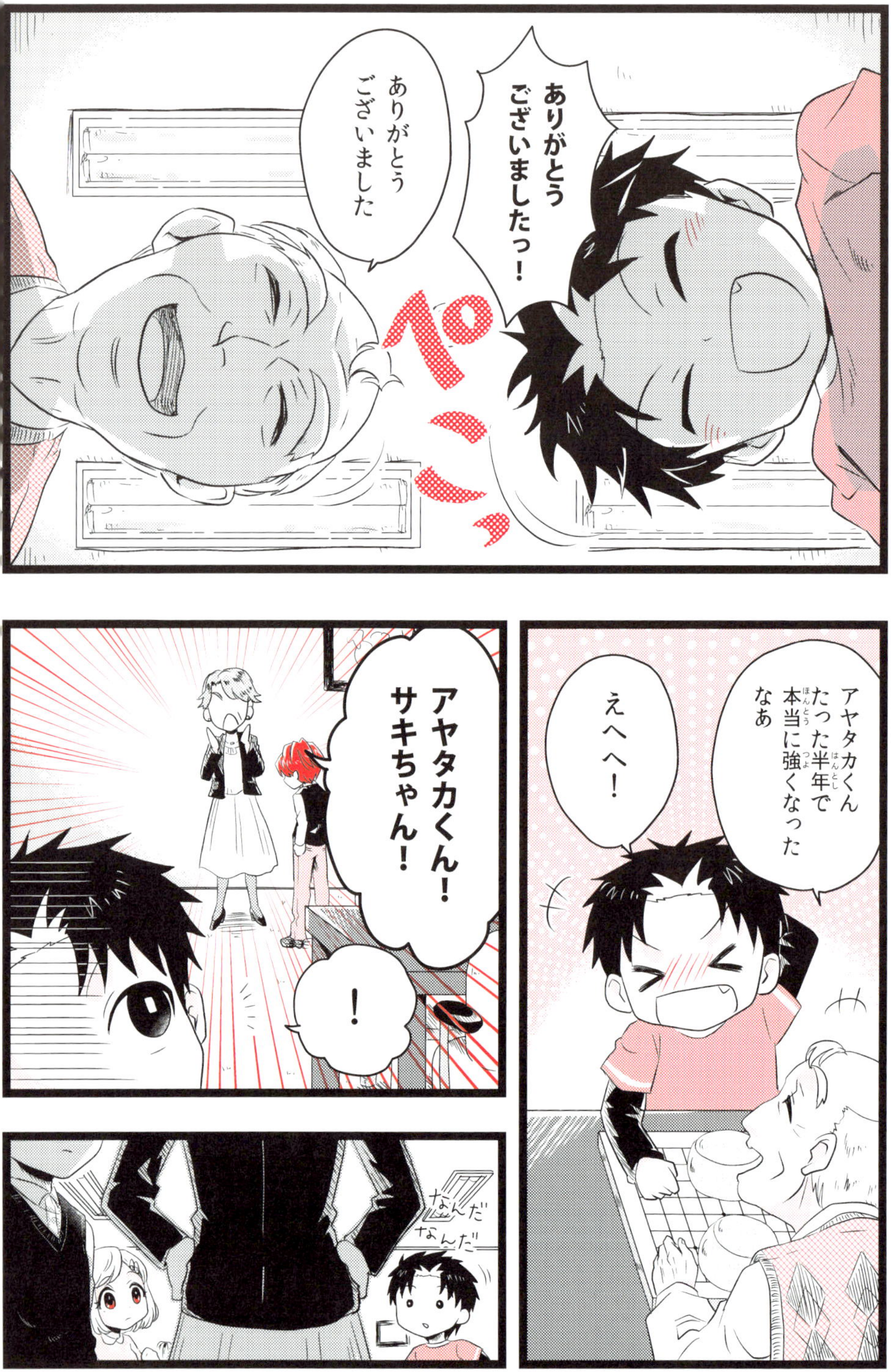
ありがとうございましたっ!
ありがとうございました
ペこっ
アヤタカくん たった半年《はんとし》で本当《ほんとう》に強《つよ》くなったなあ
えへへ!
アヤタカくん!サキちゃん!
!
なんだ なんだ

よし みんな そろったね
?
どうしたの? 幸子《さちこ》さん
来週《らいしゅう》はいよいよ大会《たいかい》だ!
シャリ
でも その前《まえ》に…
ゴクリ…
チーム内《ない》で総《そう》当《あ》たり戦《せん》をやって主将《しゅしょう》・副将《ふくしょう》・三将《さんしょう》を決《き》めるよ

おお〜!
うわ〜! ドキドキ!
……
ってことは…
2勝《しょう》すれば主将《しゅしょう》になれるんだよな!
一番強《いちばんつよ》い者《もの》が主将《しゅしょう》を務《つと》めるのは当然《とうぜん》だからね
ついにリベンジするときが来《き》た!
クックックッ
絶対《ぜったい》にオレが勝《か》つからな!

いつから対局《たいきょく》をはじめますか？
フイッ
ずるっ
相変《あいか》わらずクールなやつだなあ
こっちが盛《も》り上《あ》がってるのに
いてて…
対局《たいきょく》はこうしよう
今日《きょう》から一日《いちにち》一局《いっきょく》ずつ
一日目
アヤタカ
サキ
二日目
サキ
モトヤ
三日目
モトヤ
アヤタカ
全部《ぜんぶ》で三局《さんきょく》おこなうよ

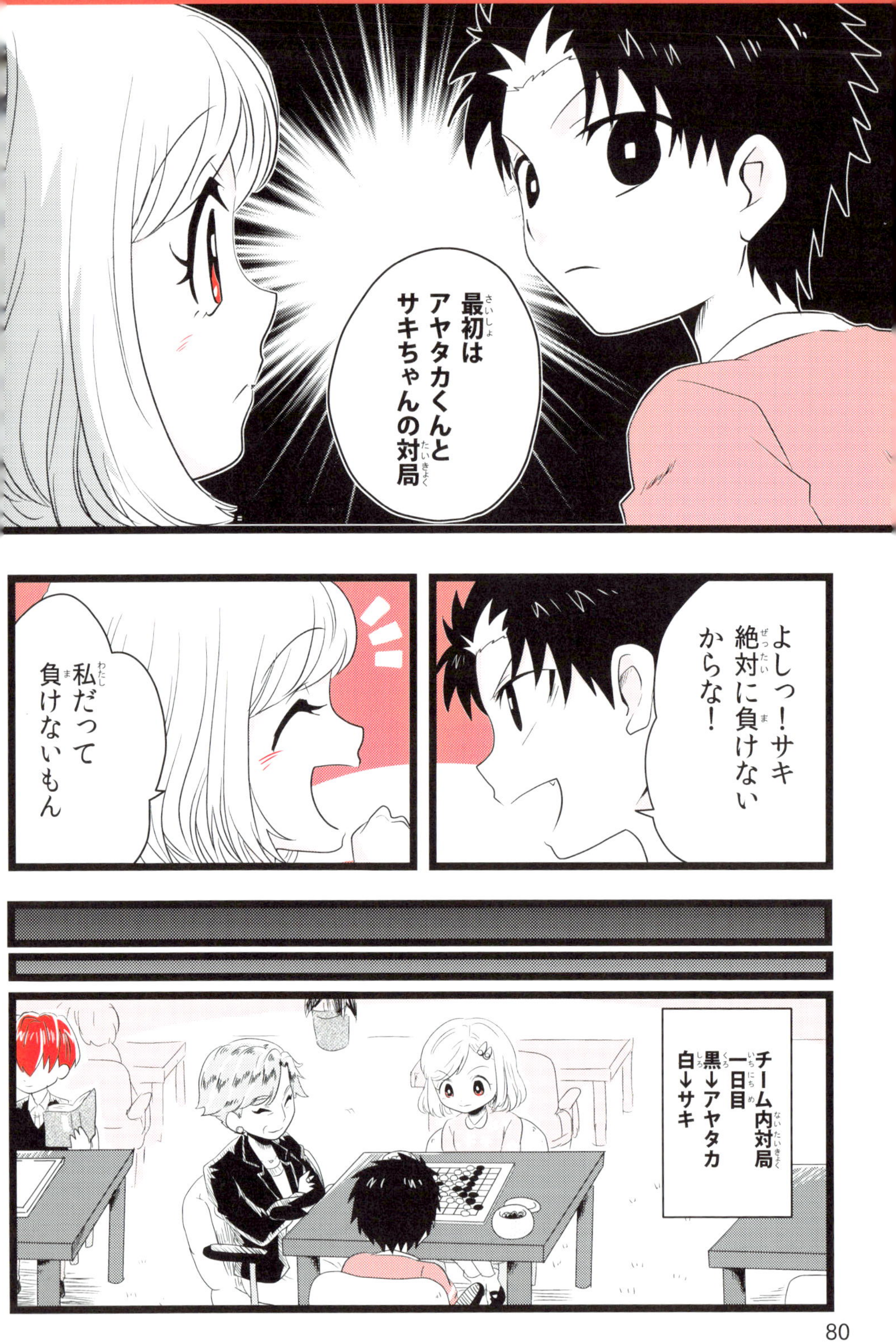

最初《さいしょ》はアヤタカくんとサキちゃんの対局《たいきょく》
よしっ！サキ絶対《ぜったい》に負《ま》けないからな！
私《わたし》だって負《ま》けないもん
チーム内対局《ないたいきょく》
一日目《いちにちめ》
黒《くろ》↓アヤタカ
白《しろ》↓サキ

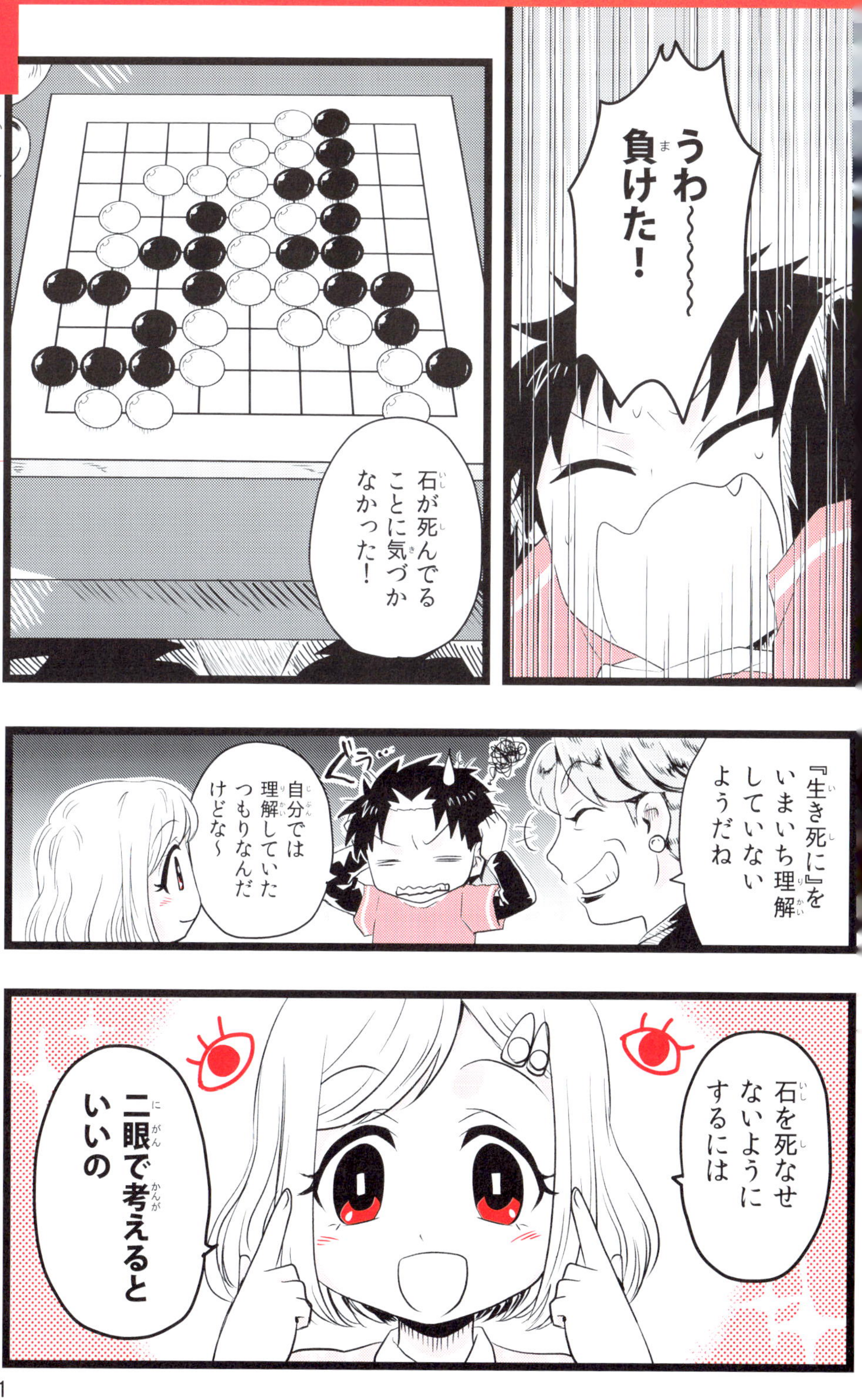
うわ〜〜〜〜
負《ま》けた！
石《いし》が死《し》んでることに気《き》づかなかった！
『生《い》き死《し》に』をいまいち理解《りかい》していないようだね
自分《じぶん》では理解《りかい》していたつもりなんだけどな〜
石《いし》を死《し》なせないようにするには
二《に》眼《がん》で考《かんが》えるといいの

石《いし》の生《い》き死《し》に①

相手《あいて》に取《と》られるおそれのない石《いし》の状態《じょうたい》を「生《い》き」と言《い》います。逆《ぎゃく》に、どうやっても取《と》られてしまうはずの石《いし》の状態《じょうたい》を「死《し》に」と言《い》います。

1

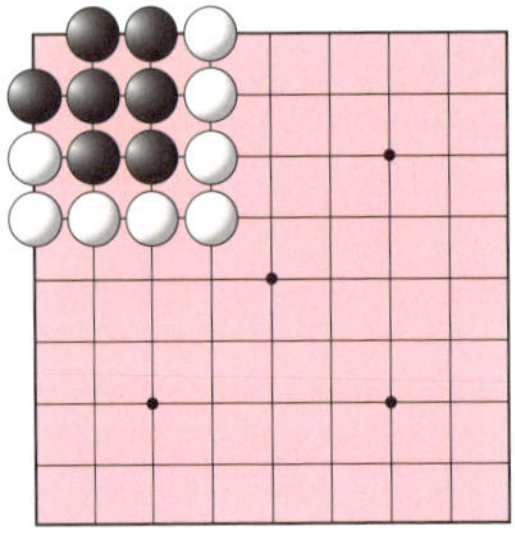

左《ひだり》の図《ず》の局面《きょくめん》から考《かんが》え、左上《ひだりうえ》の黒《くろ》のかたまりに注目《ちゅうもく》してみましょう。次《つぎ》は白《しろ》の番《ばん》です。

2

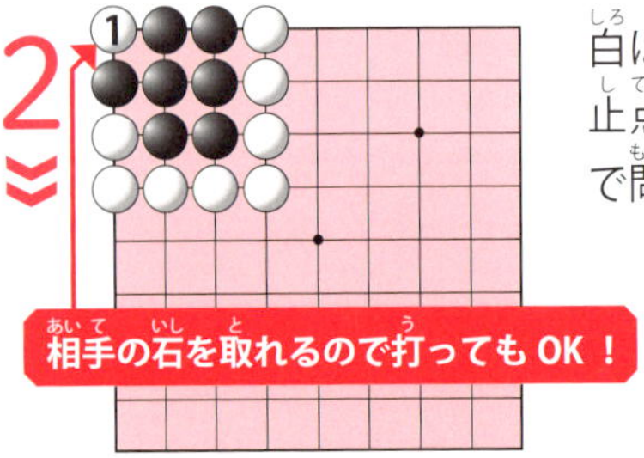

白《しろ》は白《しろ》①と打《う》つことができます。着手禁《ちゃくしゅきん》止点《してん》に見《み》えますが、相手《あいて》の石《いし》を取《と》れるので問題《もんだい》ありません。

3

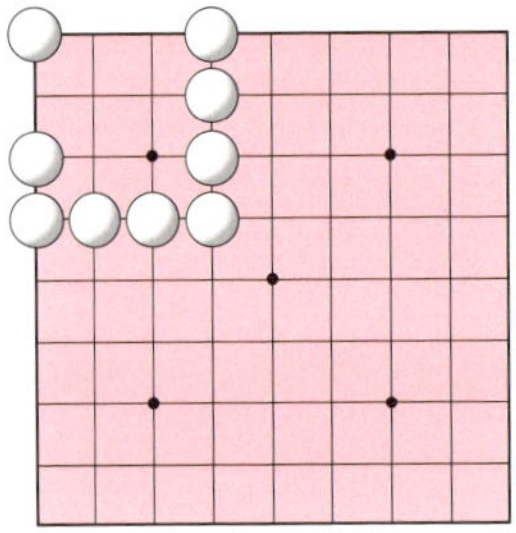

白《しろ》に囲《かこ》まれた黒《くろ》がすべて取《と》られてしまいました。

石《いし》の生《い》き死《し》に②

自分《じぶん》の陣地《じんち》を確実《かくじつ》にするためには、相手《あいて》に絶対《ぜったい》に取《と》られない石《いし》の集《あつ》まりを作《つく》ることが必要《ひつよう》になります。

1

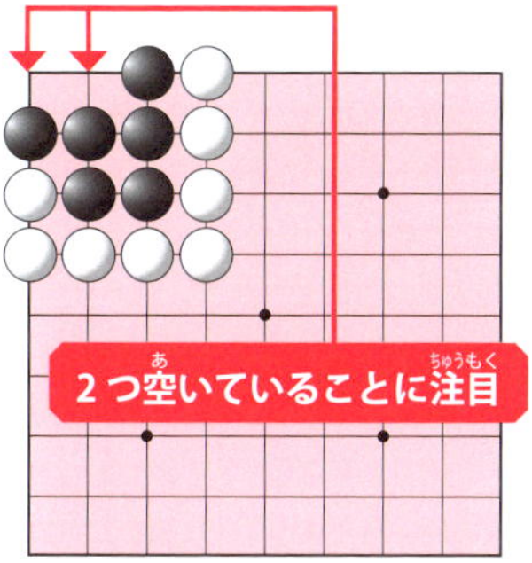
2つ空《あ》いていることに注目《ちゅうもく》

前《まえ》のページと似《に》ていますが、左上《ひだりうえ》が2つ空《あ》いた形《かたち》で「生《い》き」か「死《し》に」かを考《かんが》えてみましょう。

2

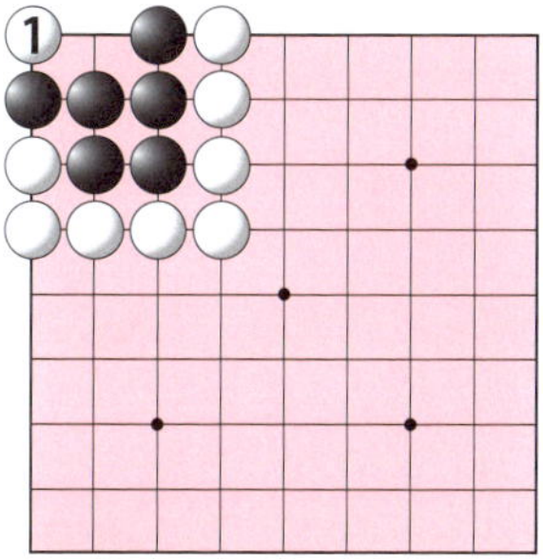
1

白《しろ》からはいつでも白《しろ》①と打《う》つことができます。

3

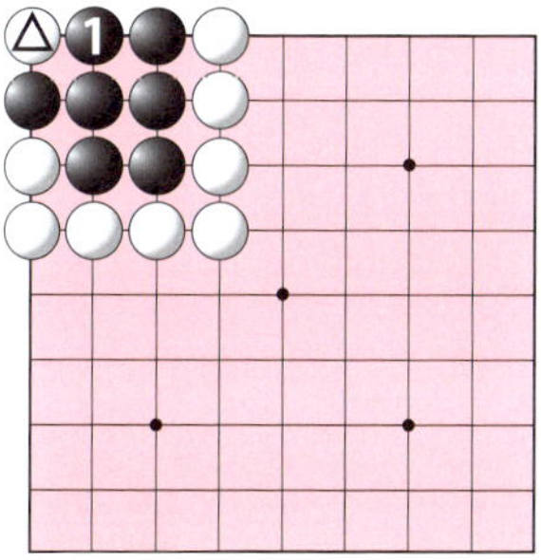
△
1

次の黒《くろ》は、黒《くろ》❶と打《う》って白《しろ》△を取《と》ると……。

4

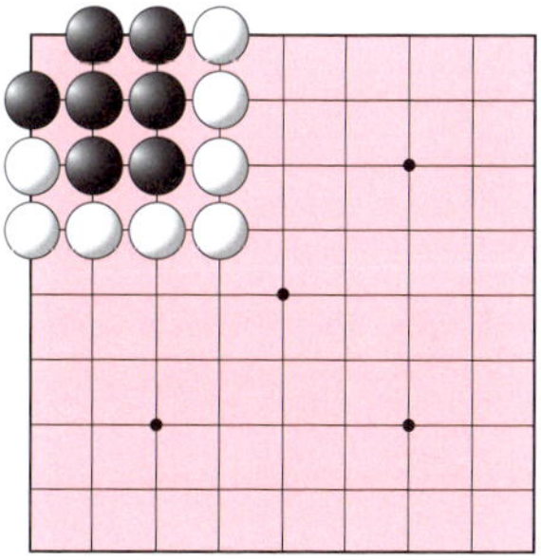

前《ぜん》ページの1の形《かたち》になりました。つまりこの形《かたち》は一眼《いちがん》しかなく、**どうやっても黒《くろ》は取《と》られてしまう**運命《うんめい》の「死《し》に」なのです。

2つ（2目《もく》）空《あ》いていても「一眼《いちがん》」なんだね…

全問正解《ぜんもんせいかい》を目《め》指《ざ》そう！

チャレンジクイズ 13

白《しろ》の番《ばん》です。この黒《くろ》は「生《い》きている」でしょうか。「死《し》んでいる」でしょうか？

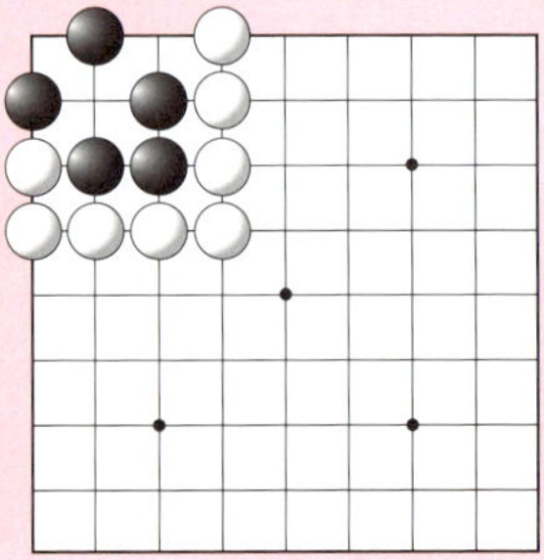

里菜先生《りなせんせい》からのヒント！

下《した》の図《ず》は右《みぎ》の図《ず》を少《すこ》し変《か》えた形《かたち》よ。この場合《ばあい》✖のどちらも白《しろ》が打《う》てない（着手禁止点《ちゃくしゅきんしてん》）から、黒《くろ》は「生《い》きています」

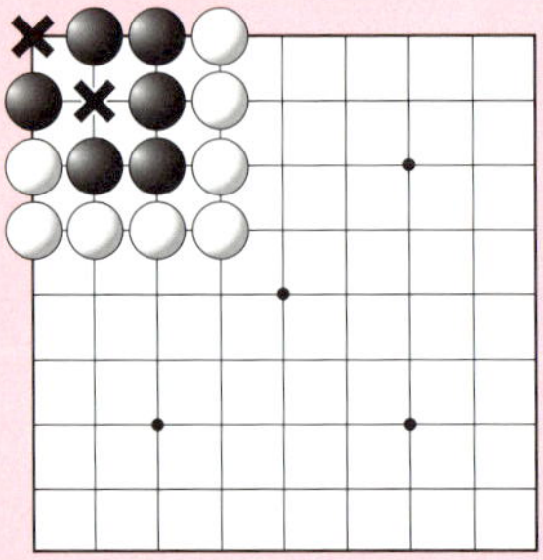

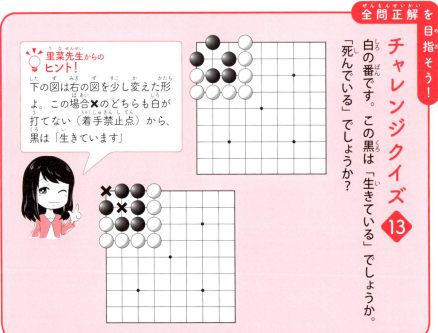

1

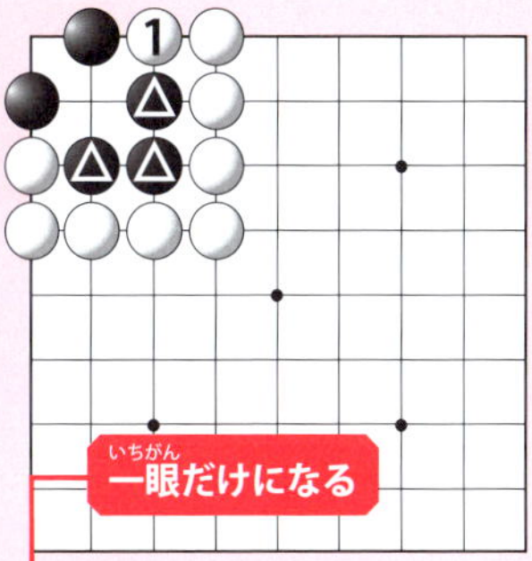
1
一眼《いちがん》だけになる

白《しろ》に①と打《う》たれると、△3つがアタリになります。

2

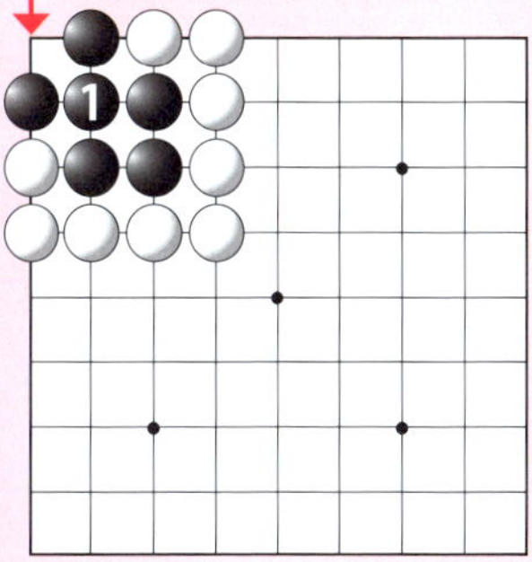

次《つぎ》に黒《くろ》❶と打《う》つと、黒《くろ》は一眼《いちがん》しかなくなります。つまり、黒《くろ》は生《い》きておらず、「死《し》んでいる」状態《じょうたい》です。

3

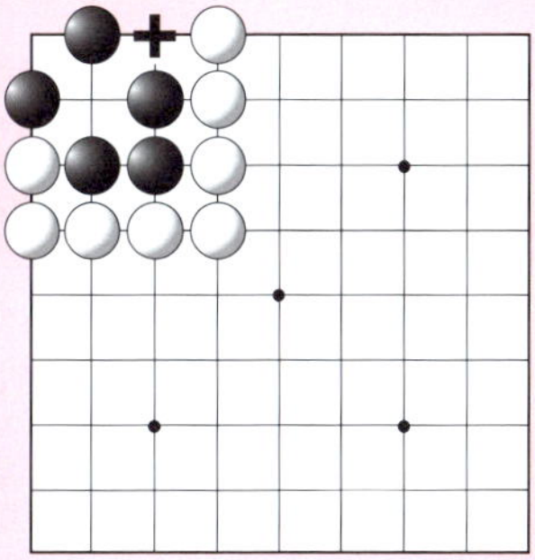

ポイントは+のところでした。ここに黒《くろ》があれば「生《い》き」、白《しろ》に打《う》たれると、黒《くろ》は「死《し》に」となるのです。「生《い》き死《し》に」に関《かん》するとき、着手禁止点《ちゃくしゅきんしてん》のことを「眼《め》」と言《い》います。コツは眼《め》を２つ以《い》上《じょう》作《つく》って死《し》なない石《いし》にすることです。

欠《か》け眼《め》について

81ページの図《ず》で考《かんが》えてみましょう。左側《ひだりがわ》の黒石《くろいし》に注目《ちゅうもく》です。a のところに黒《くろ》か白《しろ》どちらかを打《う》たれると、△はアタリになります。ということは、+のところは眼《め》のようで眼《め》ではありません。これを「欠《か》け眼《め》」といいます。

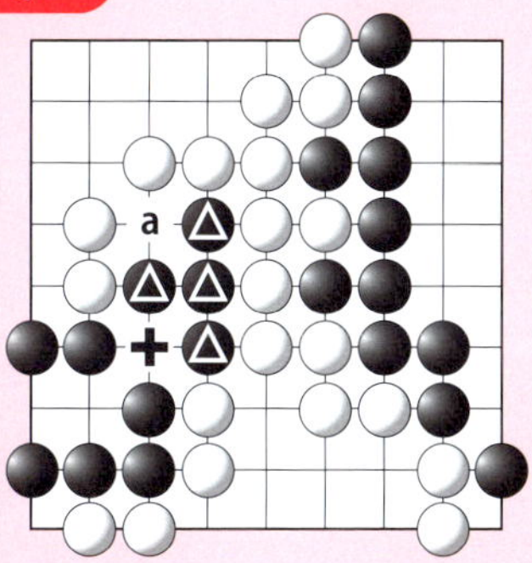
a
+

眼《め》が作《つく》れた（生《い》き）とかん違《ちが》いして安心《あんしん》しちゃダメだね！

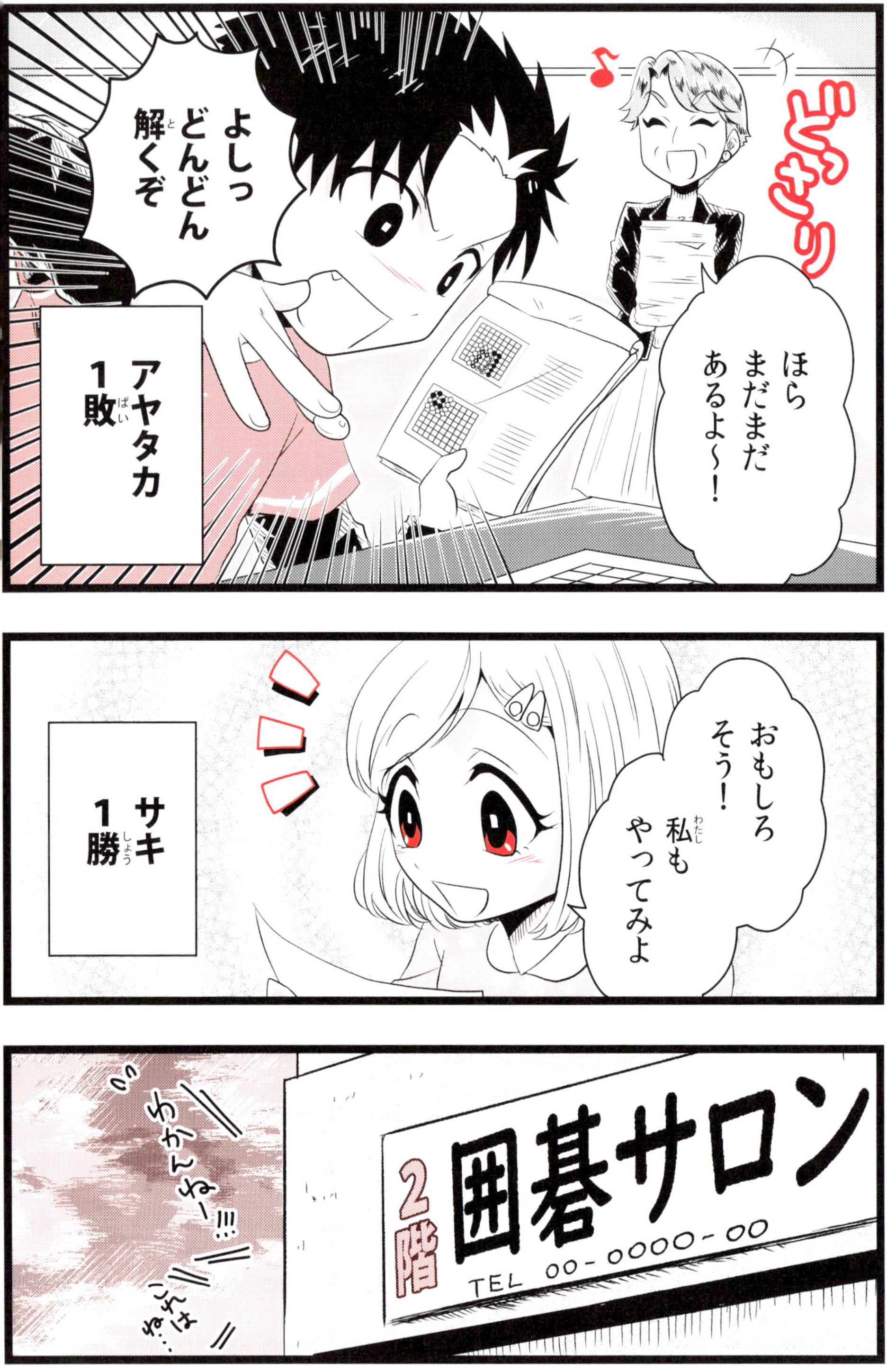
どっさり
ほら まだまだ あるよ~!
よしっ どんどん 解《と》くぞ
アヤタカ 1敗《ぱい》
おもしろそう! 私《わたし》も やってみよ
サキ 1勝《しょう》
2階
囲碁サロン
TEL 00-0000-00
わかんねー!!!
これはね…

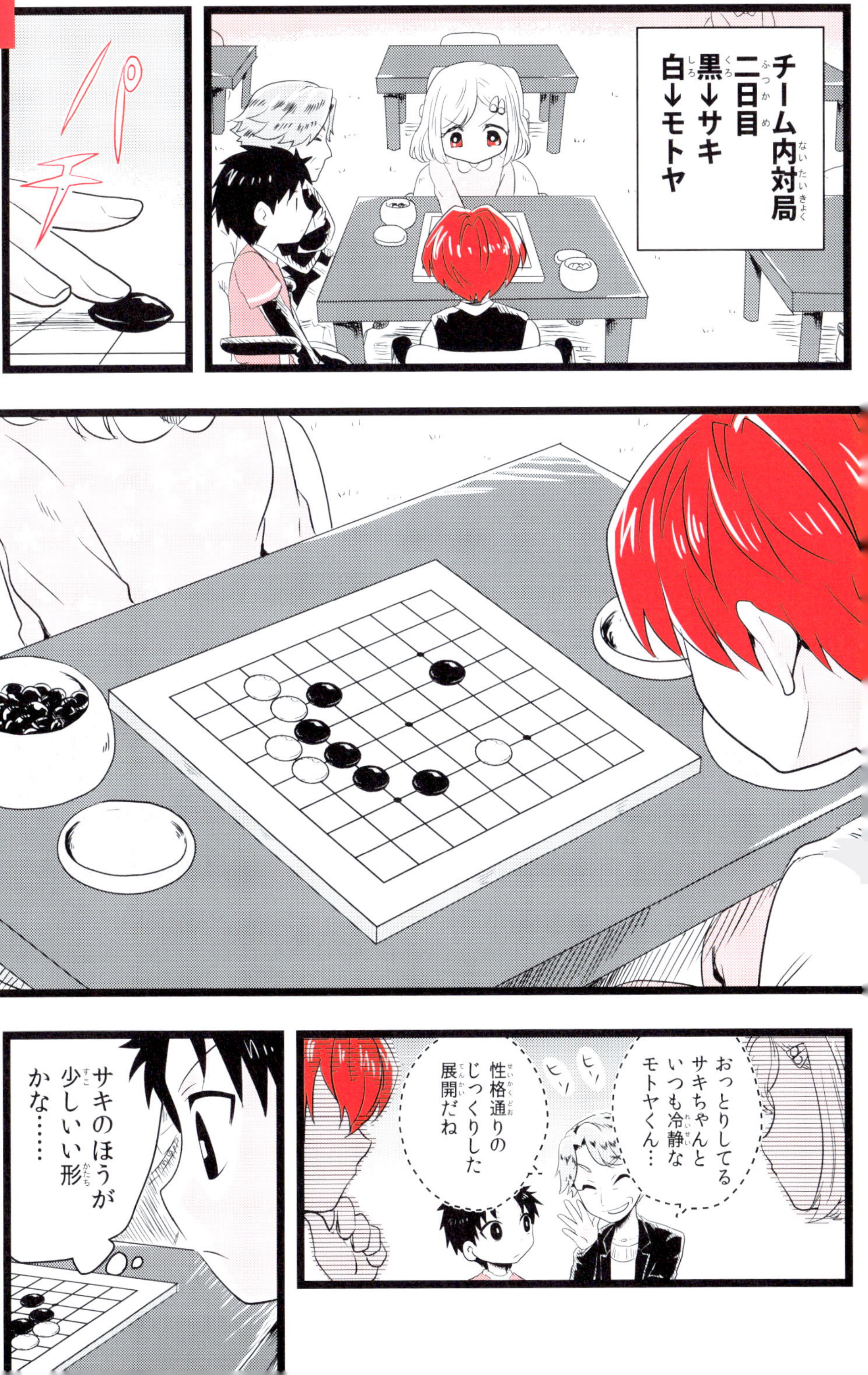
チーム内《ない》対局《たいきょく》
二日目《ふつかめ》
黒《くろ》↓サキ
白《しろ》↓モトヤ
パチ
おっとりしてるサキちゃんといつも冷静《れいせい》なモトヤくん…
ヒソ
ヒソ
性格《せいかく》通《どお》りのじっくりした展開《てんかい》だね
サキのほうが少《すこ》しいい形《かたち》かな……

「いい形《かたち》」と「悪《わる》い形《かたち》」①

石《いし》のまとまりには、「いい形《かたち》」と「悪《わる》い形《かたち》」というものがあります。石《いし》の働《はたら》きや、効率《こうりつ》の良《よ》さを意識《いしき》しながら形《かたち》をおぼえましょう。

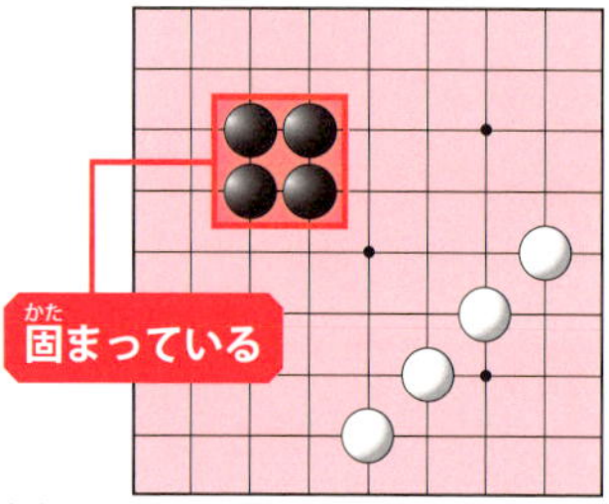

白《しろ》はつながりながら右下の地《じ》を囲《かこ》う形《かたち》です。一方《いっぽう》の黒《くろ》は固《かた》まっていて地《じ》が作《つく》りにくい形《かたち》です。**密集《みっしゅう》している石《いし》は「凝《こ》り形《がたち》」「ダンゴ石《いし》」と呼《よ》ばれる「悪《わる》い形《かたち》」**です。

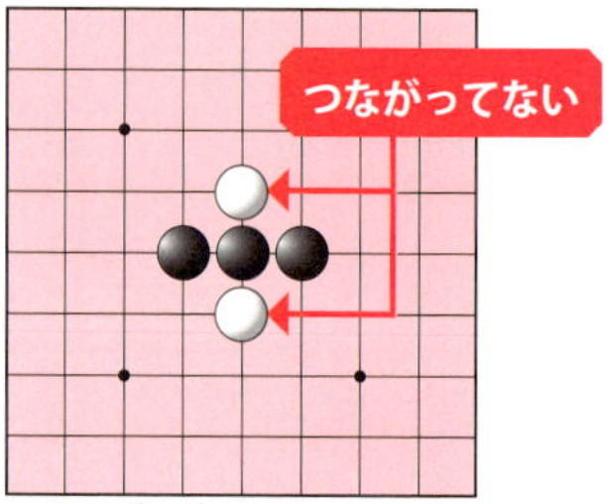

黒《くろ》の3つは全部《ぜんぶ》つながっていますが、白《しろ》の2つはつながっていません。**石《いし》はつながると強《つよ》く、地《じ》もできやすくなります。白《しろ》はばらばらなので、「悪《わる》い形《かたち》」**です。

白《しろ》2つがあります。この白《しろ》を取《と》るために、黒《くろ》をどこに打《う》てばよいか考《かんが》えてみましょう。

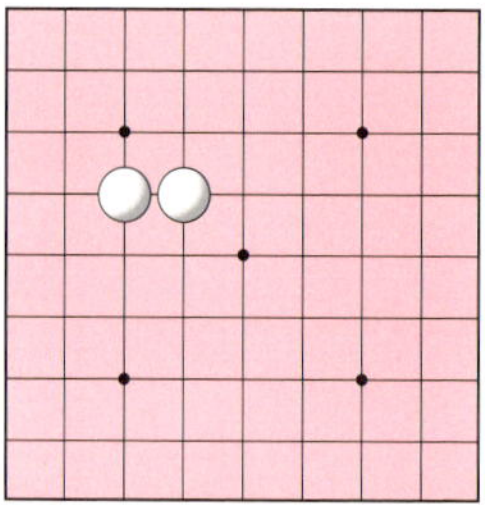

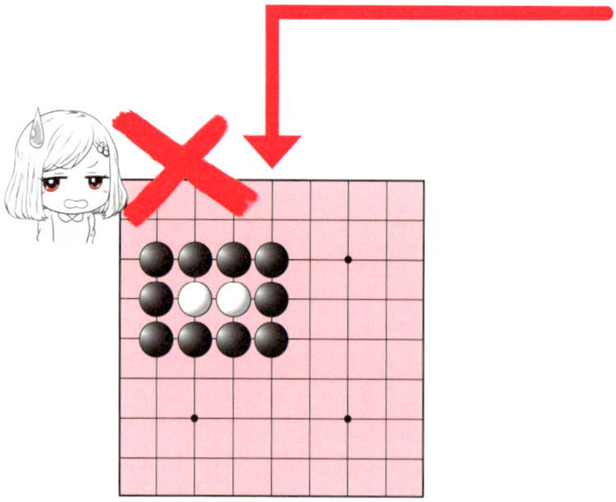

右《みぎ》の図《ず》と比《くら》べて白《しろ》2つを取《と》るためには必要《ひつよう》のない石《いし》が4つもあります。**白《しろ》2つを取《と》るのに、10個《こ》も使《つか》うのは「悪《わる》い形《かたち》」**です。

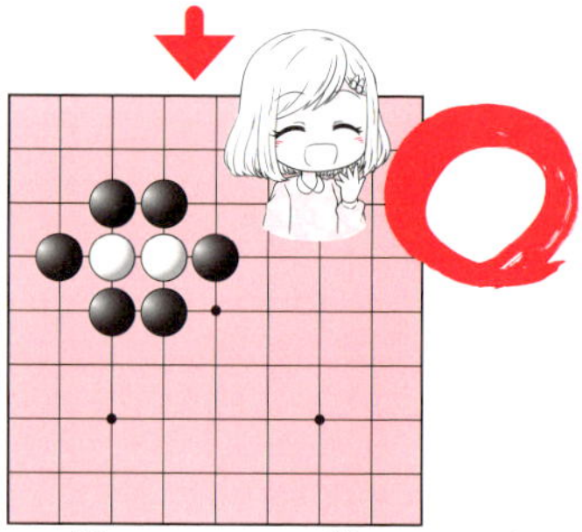

白《しろ》2つを囲《かこ》むように、黒《くろ》6つで取《と》ることができますね。

「いい形《かたち》」と「悪《わる》い形《かたち》」②

「いい形《かたち》」と「悪《わる》い形《かたち》」には多《おお》くの種類《しゅるい》があり、それぞれに名前《なまえ》があります。ひとつずつおぼえていきましょう。

黒《くろ》2つが間接的《かんせつてき》につながっている「**コスミ**」と**呼《よ》ばれる**「**いい形《かたち》**」です。たとえば白《しろ》が**a**に打《う》ってきたら、黒《くろ》は**b**と打《う》てばつながることができます（逆《ぎゃく》から打《う》っても同《おな》じ）。

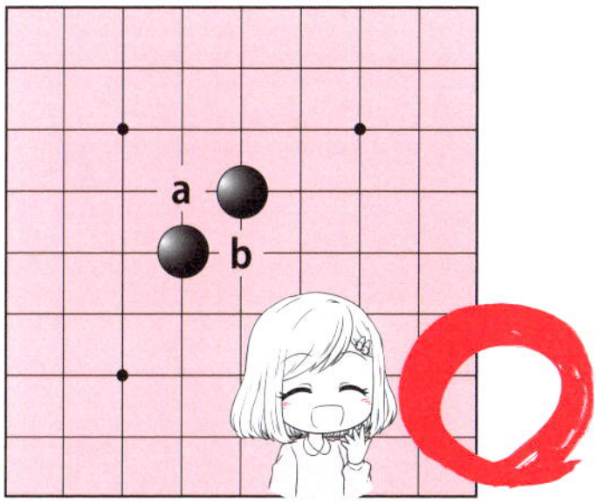

間接的《かんせつてき》につながっている石《いし》にもう一《いっ》手《て》、▲を打《う》つと…**連絡《れんらく》に必要《ひつよう》のないムダな石《いし》がある「アキ三角《さんかく》」と呼《よ》ばれる「悪《わる》い形《かたち》」**です。

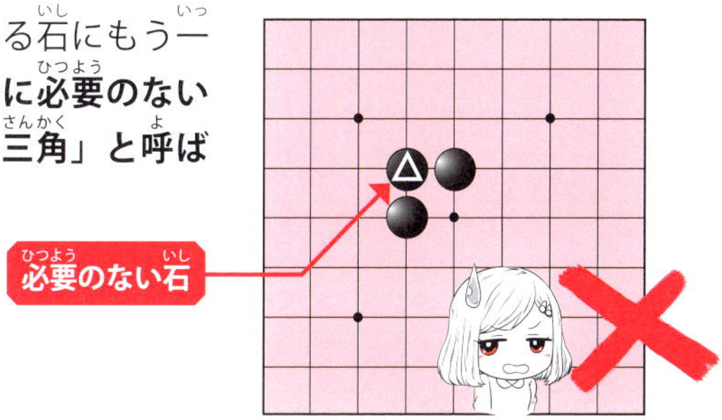

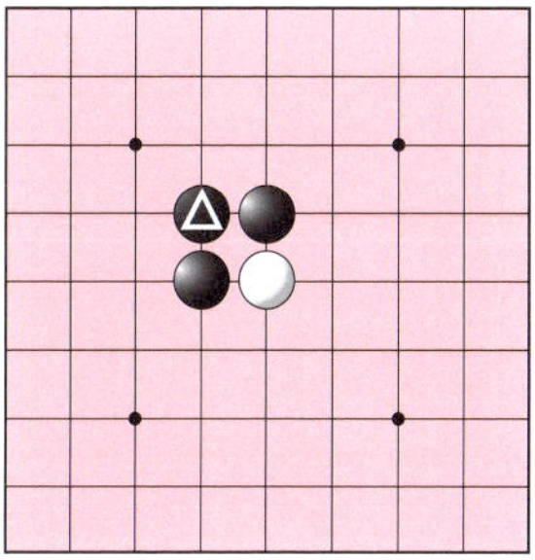

ちなみに、左《ひだり》の形《かたち》は「アキ三角《さんかく》」ではありません。**すでに白石《しろいし》があって▲がないと切《き》れてしまう**ので、これでよいのです。

……
パチッ
イラッ
1目《もく》差《さ》でも
10目《もく》差《さ》でも
一《いっ》勝《しょう》の価《か》値《ち》は同《おな》じ
無《む》理《り》せず手《て》がたく
勝《か》てばいいわ
パチ
チャッ
えっ…!?

急所《きゅうしょ》をつく①

攻撃《こうげき》されると危険《きけん》な場所《ばしょ》を「急所《きゅうしょ》」と言《い》いますが、この場所《ばしょ》に打《う》って一気《いっき》に戦《たたか》いを有利《ゆうり》にすることを「急所《きゅうしょ》をつく」と呼《よ》びます。

右側《みぎがわ》が△ですべてつまっている▲3つに対《たい》して、白《しろ》①が**「三目《さんもく》の真《ま》ん中《なか》」という急所《きゅうしょ》**です。**a**と**b**の断点《だんてん》（切《き》られる心配《しんぱい》のある場所《ばしょ》）をねらっています。黒《くろ》が**a**と**b**のどちらかに打《う》つと、白《しろ》は残《のこ》ったほうに打《う》つので、黒《くろ》が分断《ぶんだん》さ（切《き》ら）れてしまいます。

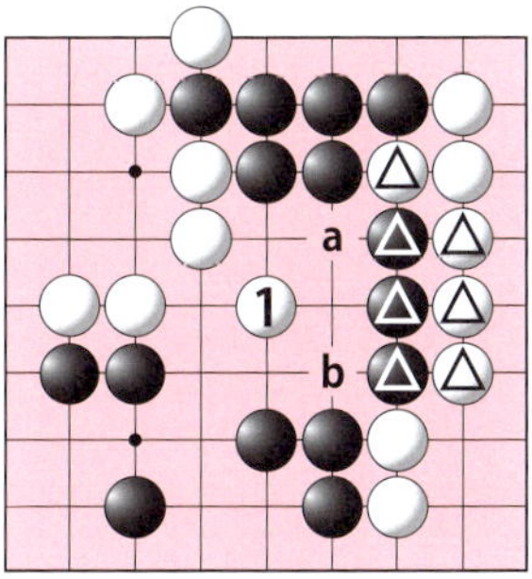

1

← 次《つぎ》のページにつづくよ

急所《きゅうしょ》をつく②

そこで黒《くろ》は黒《くろ》❶と打《う》てば、全部《ぜんぶ》つながっている状態《じょうたい》になります。白《しろ》が**a**や**b**に打《う》ってもアタリ。すぐ取《と》られてしまいますので、黒《くろ》はつながっていると言《い》えます。しかし……。

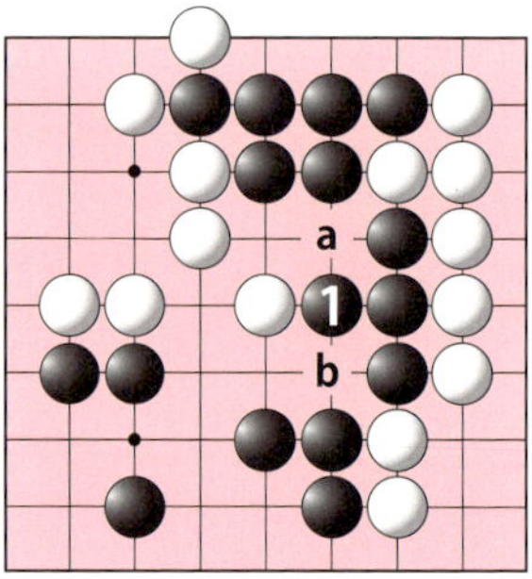
a
1
b

2

次《つぎ》に白《しろ》は①と打《う》ちます。次《つぎ》に**a**と打《う》てば黒《くろ》を切《き》ることができます。▲だけでは二眼《にがん》（2つの着手禁止点《ちゃくしゅきんしてん》）を作《つく》れないので死《し》ぬ運命《うんめい》となります。

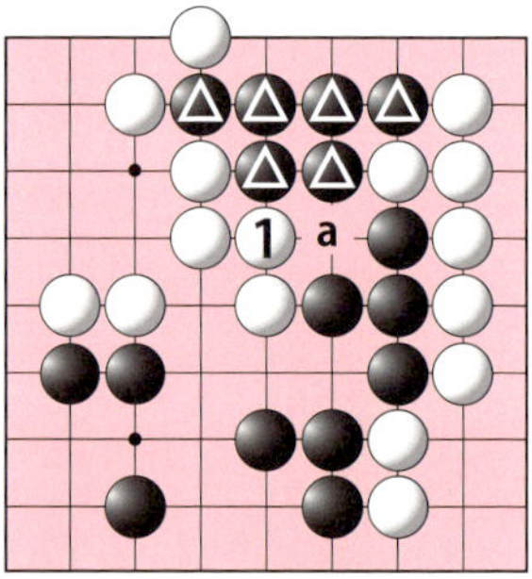
1
a

3

上《うえ》の図《ず》の▲を取《と》られないために、黒《くろ》は❶とつなぐしか方法《ほうほう》はありません。

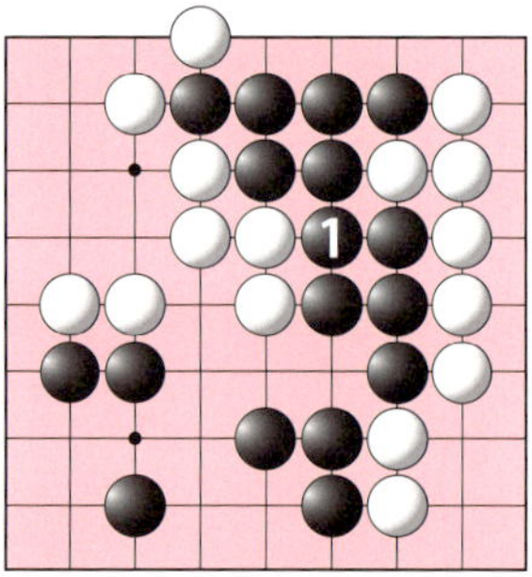
1

4

急所《きゅうしょ》に打《う》たれると、石《いし》の働《はたら》きが一気《いっき》に悪《わる》くなるんだね

つづいて白《しろ》は白《しろ》①と打《う》ちます。黒《くろ》は❷と打《う》ってつなげるしかありません。こうして中央《ちゅうおう》あたりの黒《くろ》が**「凝《こ》り形《がたち》（固《かた》まった石《いし》）」**の**「悪《わる》い形《かたち》」**になりました。ただつながっているだけで地《じ》を囲《かこ》ってない石《いし》が多《おお》くなると、戦《たたか》いが不利《ふり》になります。

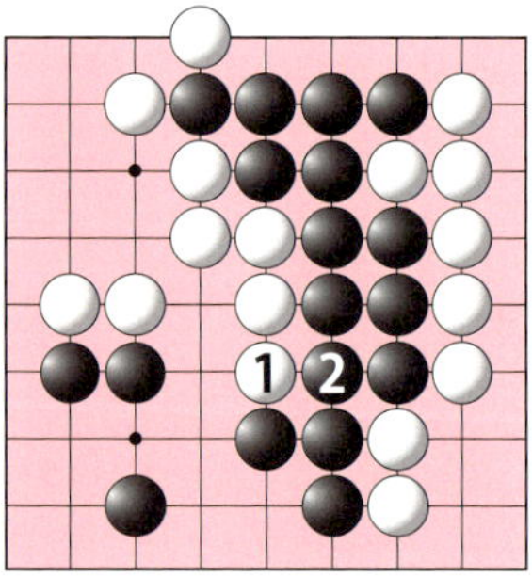
1
2

5

パチ
パチ
うっ
明《あき》らかに劣勢《れっせい》だ……
挽回《ばんかい》しなきゃ
パチッ
パチッ

ダメだ
受《う》けきれなかった……
ぺこっ
負《ま》けました……
ぺこっ
ありがとうございました
カポ
ガタ
モトヤ1勝《しょう》
スタスタ

ああ くやしいなあ
サキ 1勝《しょう》1敗《ぱい》
モトヤのあの一手《いって》が すごかったんだ 仕方《しかた》ないよ
うん……

！
モトヤのやつ 休憩《きゅうけい》もなしか……
明日《あした》はオレが モトヤと 対局《たいきょく》だ
絶対《ぜったい》に 負《ま》けないぞ…！

チーム内対局《ないたいきょく》
三日目《みっかめ》
黒《くろ》↓モトヤ
白《しろ》↓アヤタカ
パチ
これはチャンス……!
ニヤ
ニヤ
ハッ
あ
ダメ……

セキとは①

セキとは、「引《ひ》き分《わ》け」を意味《いみ》していて、どちらか先《さき》に打《う》った方《ほう》が取《と》られてしまう場面《ばめん》のことです。

▲5つと△5つ、どちらもあと2手《て》で取《と》られる場面《ばめん》を考《かんが》えてみましょう。

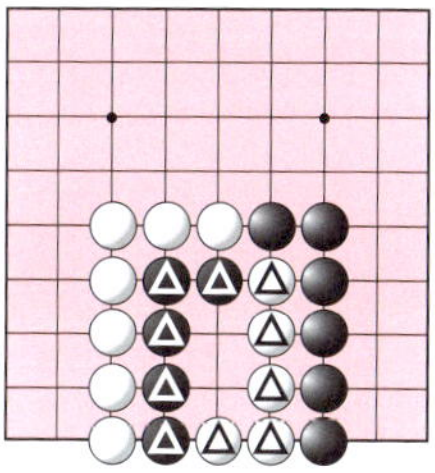

1

ここで黒《くろ》の番《ばん》としましょう。たとえば黒《くろ》が❶と打《う》つと……。

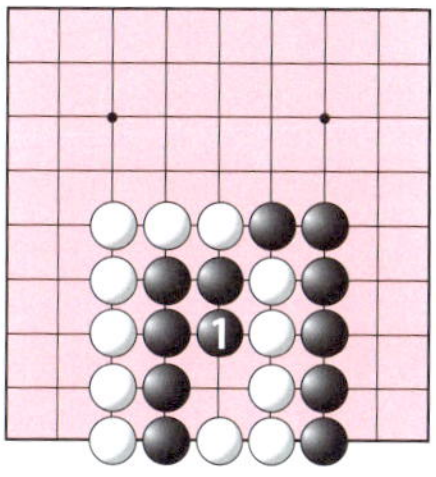

2

← 次《つぎ》のページにつづくよ

セキとは②

黒《くろ》がアタリの状況《じょうきょう》なので、白《しろ》は①と打《う》って黒《くろ》を取《と》ることができます。

3

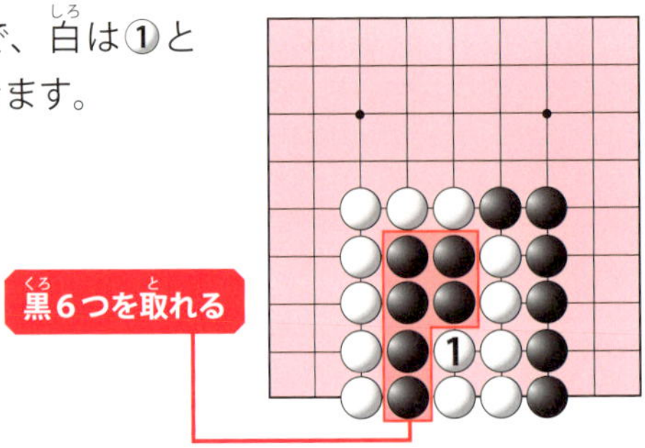
黒《くろ》6つを取《と》れる
1

1

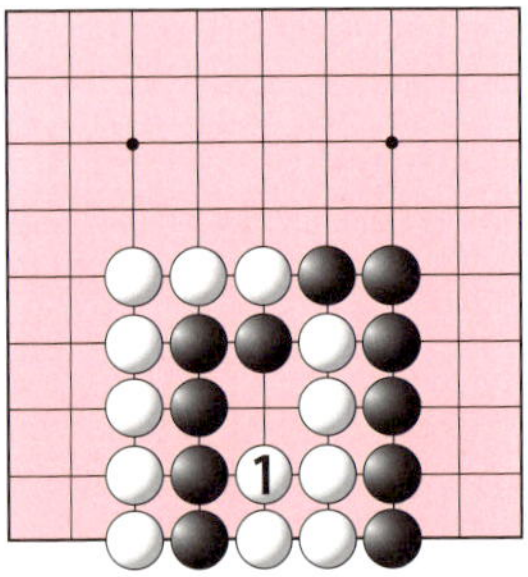
1

それでは、白《しろ》の番《ばん》からだった場合《ばあい》を考《かんが》えてみましょう。白《しろ》が①と打《う》つと……。

2

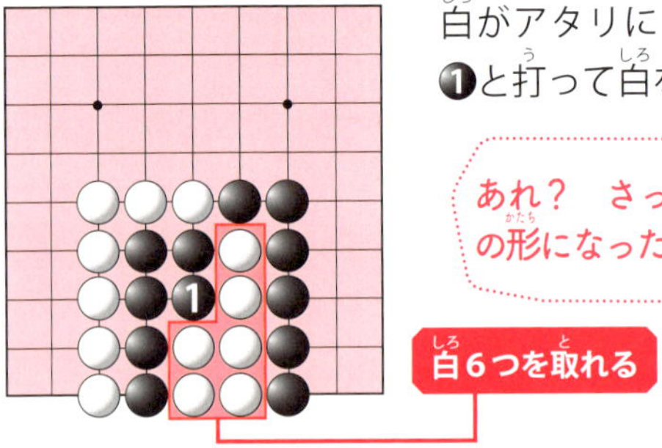
1
白《しろ》6つを取《と》れる

白《しろ》がアタリになっていますので、黒《くろ》が❶と打《う》って白《しろ》を取《と》ることができます。

あれ？　さっきと逆《ぎゃく》
の形《かたち》になったね

このように、**先《さき》に打《う》つほうが取《と》られて損《そん》をする**ので、どちらも手《て》を出《だ》しません。**この状況《じょうきょう》をセキ**といいます。**セキはどちらも生《い》きています**ので、取《と》られることはありません。

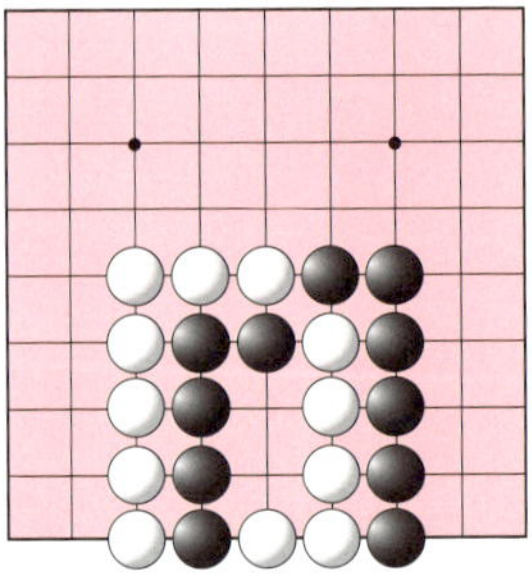

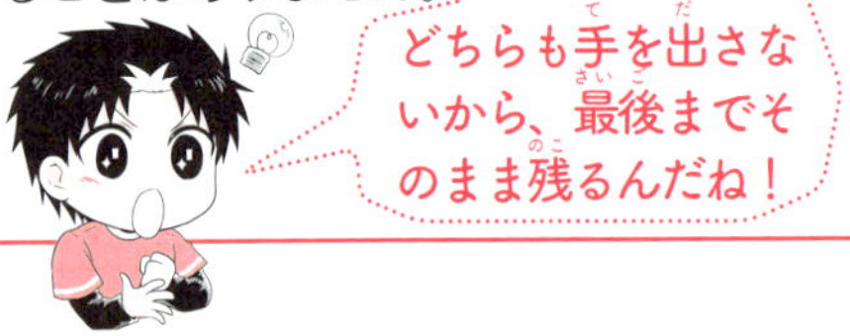
どちらも手《て》を出《だ》さないから、最後《さいご》までそのまま残《のこ》るんだね！

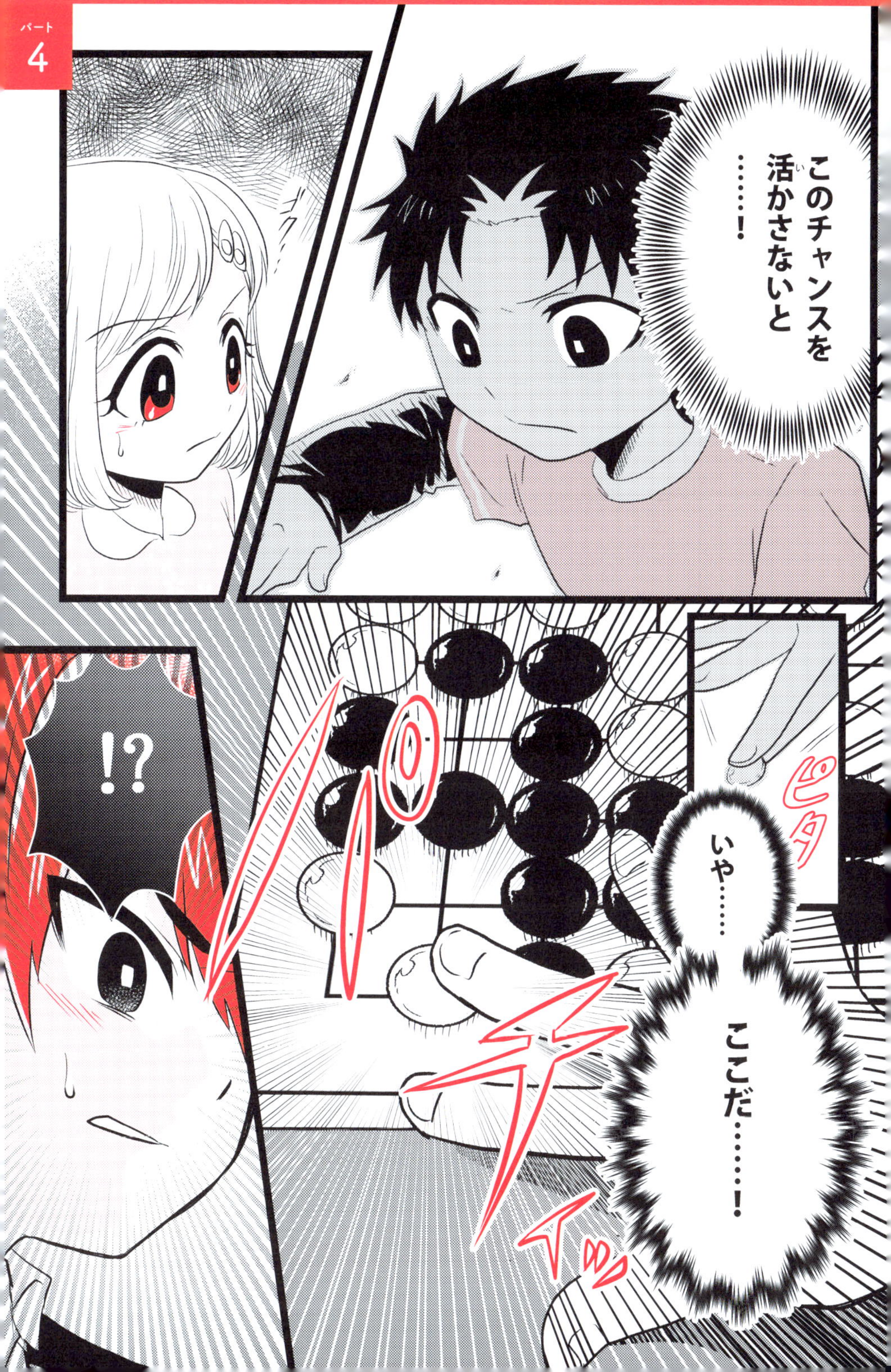
このチャンスを活《い》かさないと……!
!?
ピタ
いや……
ここだ……!
パチィッ

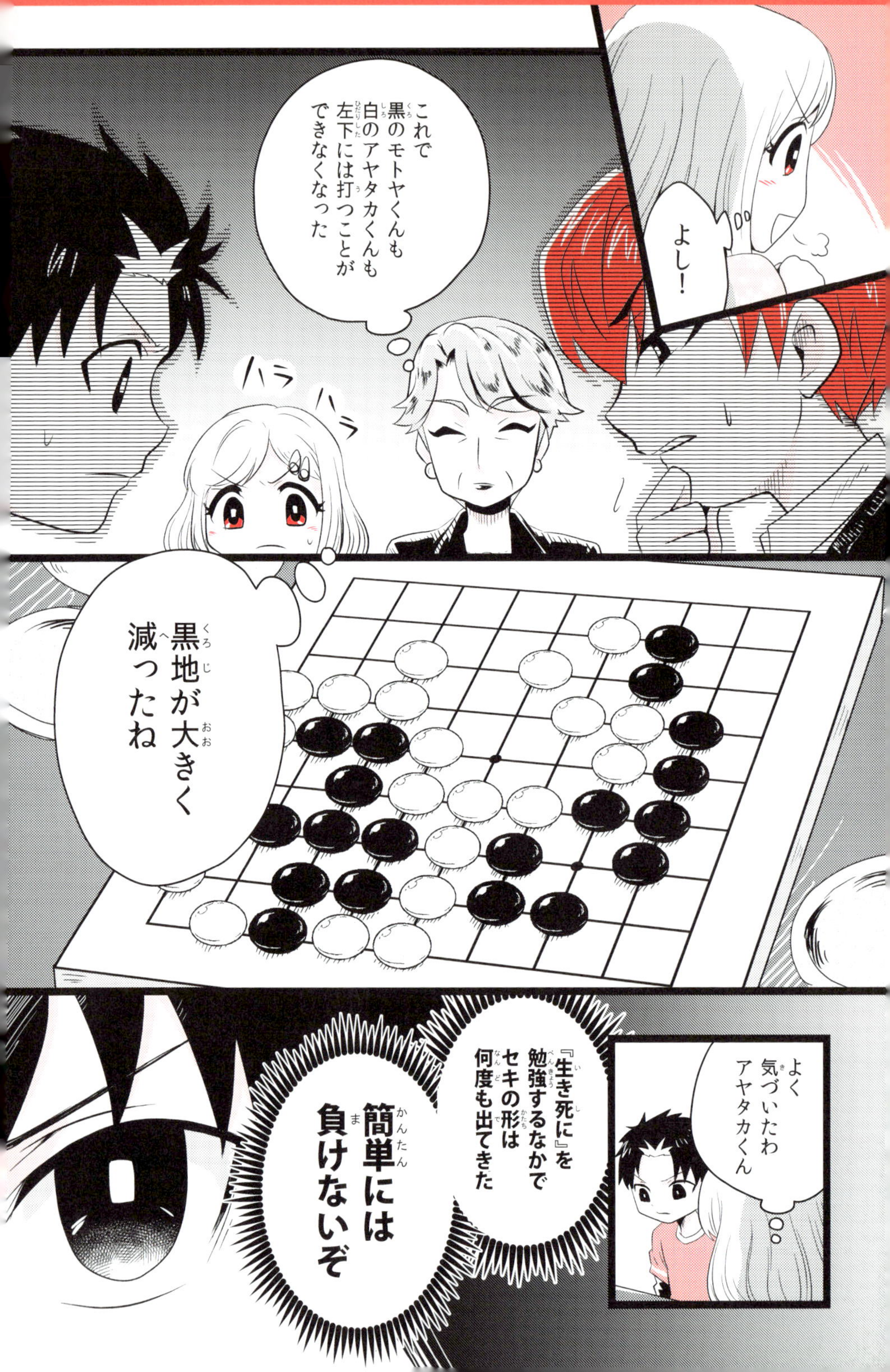
よし！
これで 黒《くろ》のモトヤくんも 白《しろ》のアヤタカくんも 左下《ひだりした》には打《う》つことが できなくなった
ハラ ハラ
黒地《くろじ》が大《おお》きく 減《へ》ったね
よく 気《き》づいたわ アヤタカくん
『生《い》き死《し》に』を 勉強《べんきょう》するなかで セキの形《かたち》は 何度《なんど》も出《で》てきた
簡単《かんたん》には 負《ま》けないぞ

ここからが勝負《しょうぶ》だ……！
パチッ
よし
いくぞ…！
カチャ…
パチッ
カチャッ

だがあの一手《いって》が大《おお》きく局面《きょくめん》を動《うご》かしアヤタカの優勢《ゆうせい》が続《つづ》いた
そして——
パチッ
チャッ
ハァ
ハァ
ハァ
負《ま》けました
モトヤ
1勝《しょう》1敗《ぱい》
ぺこ
ぺこ
ありがとうございました
アヤタカ
1勝《しょう》1敗《ぱい》
バッ

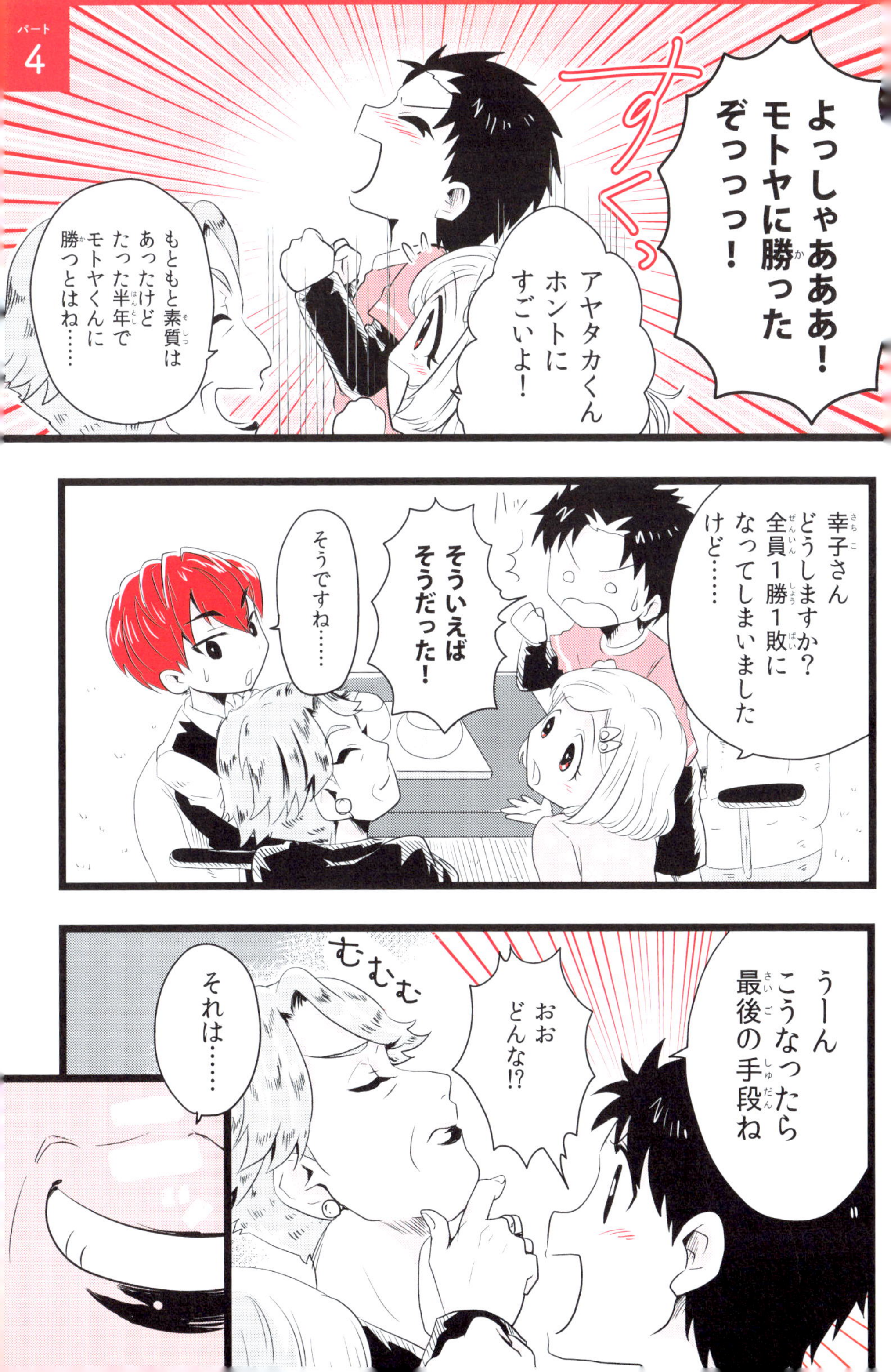
よっしゃあああ！モトヤに勝《か》ったぞっっっ！
すっく
アヤタカくんホントにすごいよ！
もともと素質《そしつ》はあったけどたった半年《はんとし》でモトヤくんに勝《か》つとはね……
幸子《さちこ》さんどうしますか？全員《ぜんいん》1勝《しょう》1敗《ぱい》になってしまいましたけど……
そういえばそうだった！
そうですね……
うーんこうなったら最後《さいご》の手段《しゅだん》ね
おおどんな!?
むむむ
それは……

囲碁コラム

みんなで出場《しゅつじょう》しよう！　小中学校囲碁団体戦《しょうちゅうがっこういごだんたいせん》

囲碁《いご》は個人競技《こじんきょうぎ》ですが、団体戦《だんたいせん》の大会《たいかい》も大人《おとな》から子《こ》どもまで盛《さか》んに行《おこな》われています。小学生《しょうがくせい》が出場《しゅつじょう》できる大《たい》会《かい》に、「文部科学大臣杯小《もんぶかがくだいじんはいしょう》・中学校囲碁団体戦《ちゅうがっこういごだんたいせん》」があります。同《おな》じ学校《がっこう》に通《かよ》う３人《にん》でチームを組《く》みます。団体《だんたい》戦《せん》は自分《じぶん》が負《ま》けてもチームが勝《か》つこともあるので、結《けっ》束力《そくりょく》も勝敗《しょうはい》の大《おお》きな要因《よういん》のひとつ。勝《か》っても負《ま》けても楽《たの》しく、大《おお》いに盛《も》り上《あ》がります。みんなも友《とも》だちと一《いっ》緒《しょ》に出場《しゅつじょう》を目指《めざ》してみましょう！

全問正解《ぜんもんせいかい》を目《め》指《ざ》そう！

チャレンジクイズ 14

黒《くろ》の番《ばん》です。白《しろ》を生《い》かさないようにするには、どこに打《う》てばいいですか？

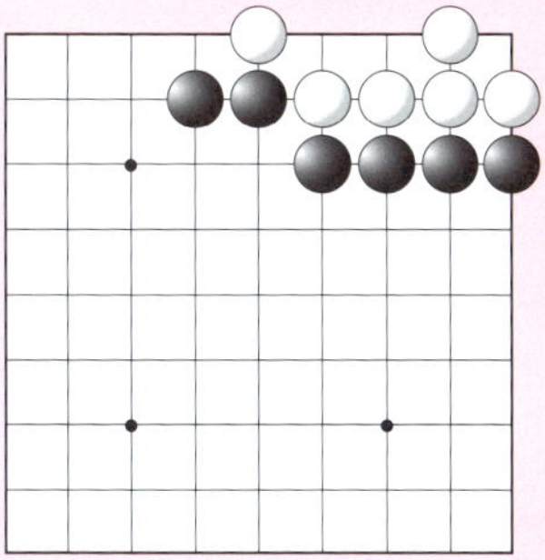

里菜先生《りなせんせい》からのヒント！

黒《くろ》❶とアタリにすると、白《しろ》②とつながれ、白《しろ》に二眼《にがん》ができて生《い》きられてしまいます！

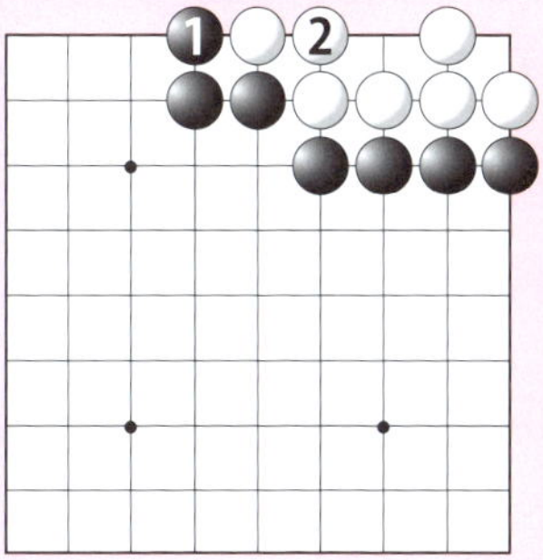

チャレンジクイズ 15

黒《くろ》の番《ばん》です。孤立《こりつ》した黒《くろ》△を助《たす》けるためには、どこに打《う》てばいいでしょうか？

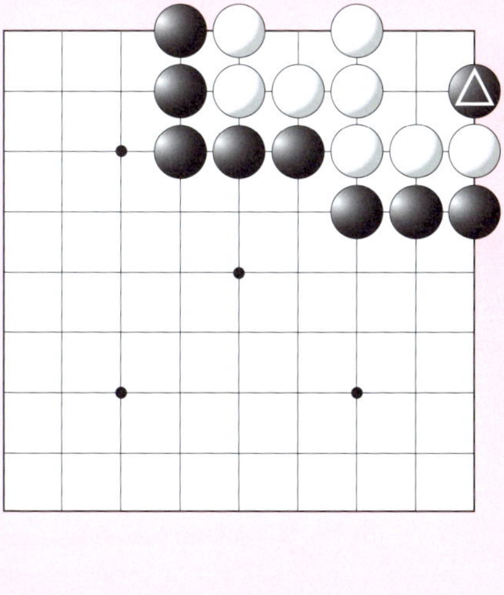

里菜先生《りなせんせい》からのヒント！

白《しろ》から攻《せ》められないように、セキにする方法《ほうほう》を考《かんが》えてみてね！

← 答《こた》えは106ページを見《み》てね

答《こた》え チャレンジクイズ14

1

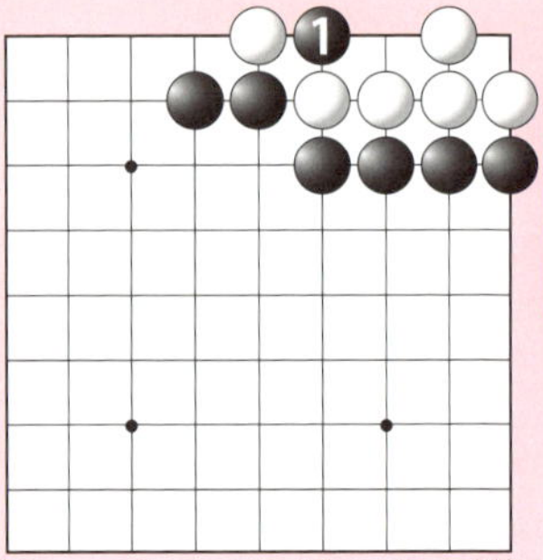

黒《くろ》❶と打《う》つのが白《しろ》の眼《め》を奪《うば》う好手《こうしゅ》です。これで白《しろ》は「死《し》に」になります。

2

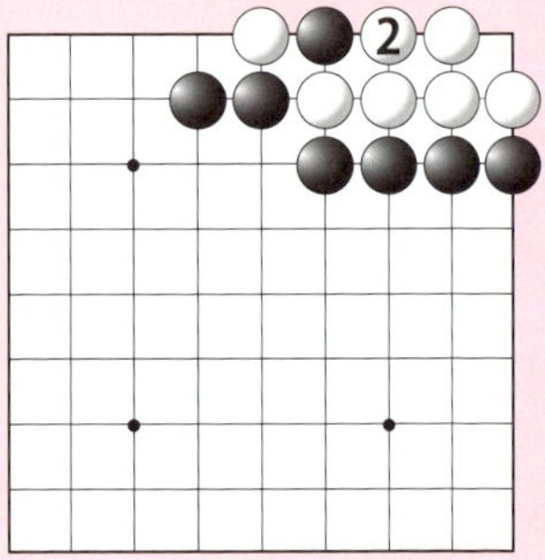

本当《ほんとう》に白《しろ》が「死《し》に」か見《み》てみましょう。次《つぎ》の白《しろ》が②と打《う》って黒《くろ》を抜《ぬ》いても……。

3

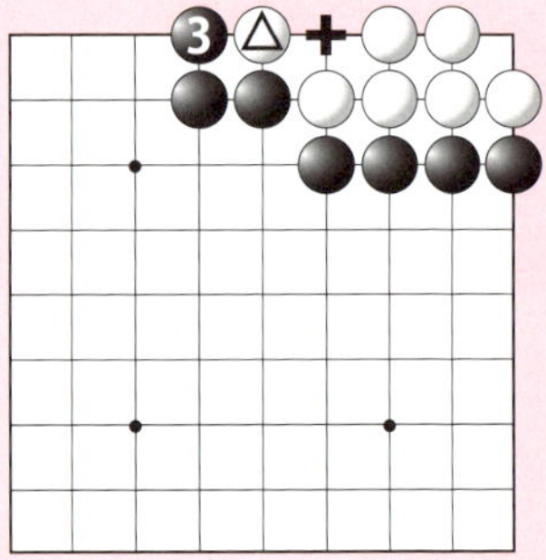

次《つぎ》の黒《くろ》に❸と打《う》たれると△はアタリ。いずれは＋に打《う》たなければならないので、眼《め》ではなく「欠《か》け眼《め》」であることに注意《ちゅうい》しましょう。

答《こた》え チャレンジクイズ15

1

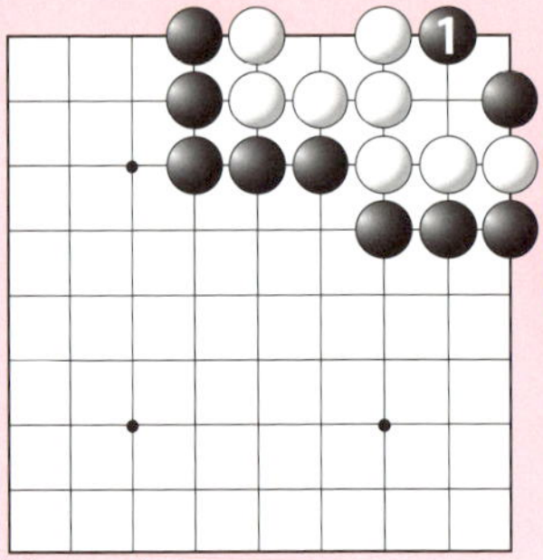

黒《くろ》❶と打《う》つのがセキにする手《て》です。これで白《しろ》は手《て》出《だ》しができなくなります。

2

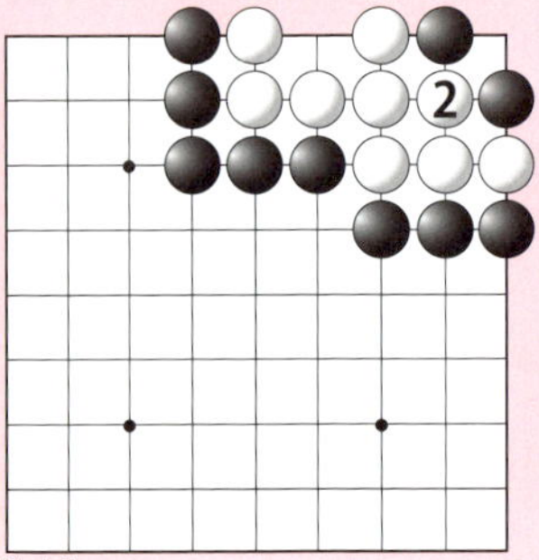

本当《ほんとう》にセキになっているか見《み》てみましょう。次《つぎ》の白《しろ》が②と打《う》つと……。

3

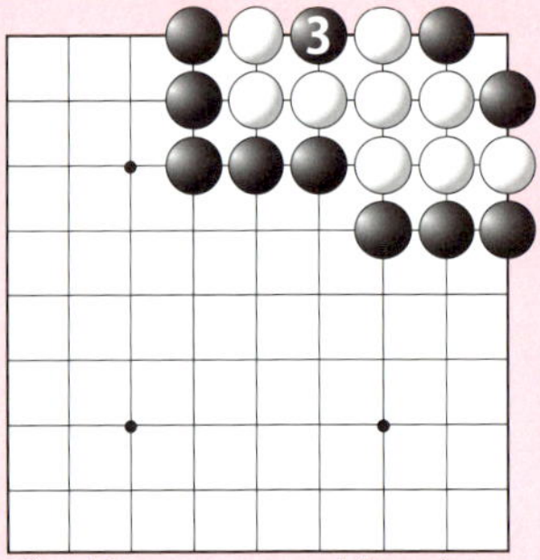

次《つぎ》の黒《くろ》❸ですべて白《しろ》を取《と》れるので、やはり黒《くろ》❶はセキにする好手《こうしゅ》でした。

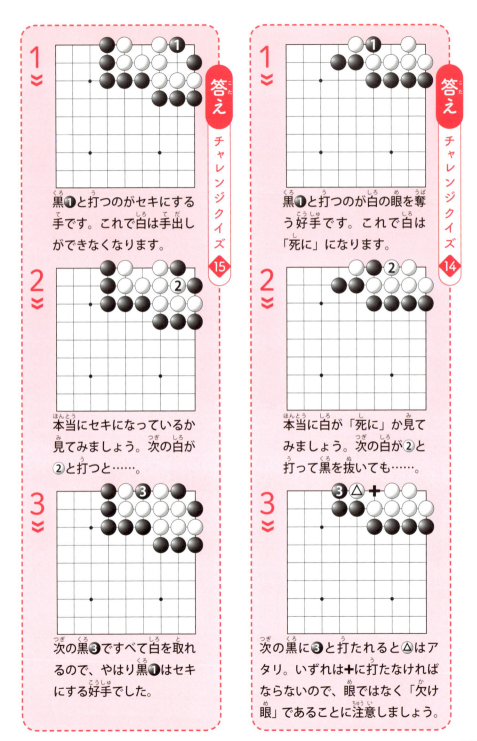

パート
5

実戦《じっせん》で強《つよ》くなろう

アヤタカたちは順調《じゅんちょう》にトーナメントを勝《か》ち上《あ》がった
そして……いよいよ決勝戦《けっしょうせん》をむかえた
決勝戦《けっしょうせん》もルールに変更《へんこう》はないわ
それぞれのチームの主将《しゅしょう》・副将《ふくしょう》・三将《さんしょう》が対局《たいきょく》して勝《か》ち数《すう》の多《おお》いほうが優勝《ゆうしょう》！
持《も》ち時間《じかん》は20分《ぷん》よ

あ！里菜《りな》先生《せんせい》！
見《み》に来《き》てくれたんですね！
たたたっ
みんながんばってね！
アヤタカくん
たった半年《はんとし》でよくここまで来《き》たわね
すごいわ！
えへへ
サキちゃんとモトヤくんもとてもいい碁《ご》を打《う》っていたわよ！
ありがとうございます！
両《りょう》チームステージにあがってください！

さあ 相手《あいて》は地域屈指《ちいきくっし》の囲碁《いご》サロンよ！
がんばっていってらっしゃい！
はい！
ザワ ザワ
ただいまより決勝戦《けっしょうせん》をはじめます
対局《たいきょく》をはじめてください！

よろしくお願《ねが》いします！
パチ
パチ
サキちゃんは以前《いぜん》と変《か》わらず手《て》がたく布石《ふせき》を打《う》ちますね
はい あの子《こ》の棋風《きふう》なんです
大勝《たいしょう》する必要《ひつよう》はないわ
1目差《もくさ》の勝《か》ちでいいからチームに貢献《こうけん》しなきゃ

布石《ふせき》①

ゲームの序盤戦《じょばんせん》のこと。相手《あいて》の打《う》ち方《かた》を見《み》ながら、
その後《ご》のねらいを考《かんが》えて石《いし》を置《お》いていきましょう。

1

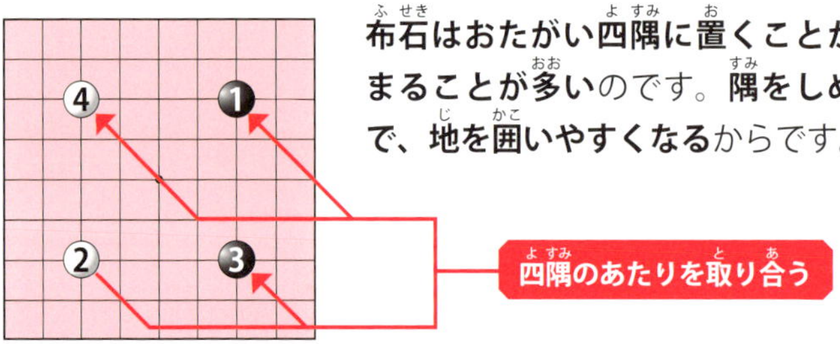
四隅《よすみ》のあたりを取《と》り合《あ》う

布石《ふせき》はおたがい四隅《よすみ》に置《お》くことからはじまることが多《おお》いのです。**隅《すみ》をしめることで、地《じ》を囲《かこ》いやすくなる**からです。

2

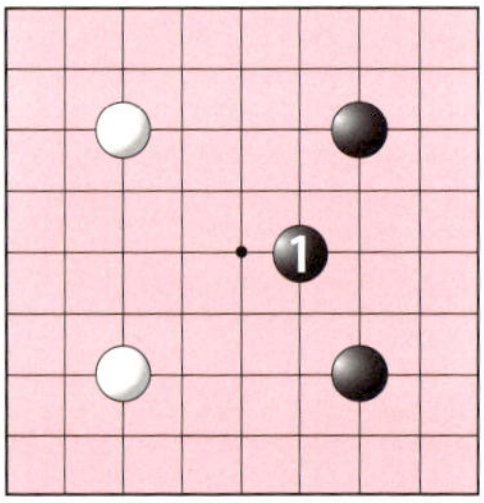

隅《すみ》が終《お》わったら辺《へん》に向《む》かうのが一般的《いっぱんてき》です。黒《くろ》❶は隅《すみ》に打《う》った黒《くろ》とつながりがよく、右辺《うへん》が地《じ》になりやすい良《よ》い手《て》です。

3

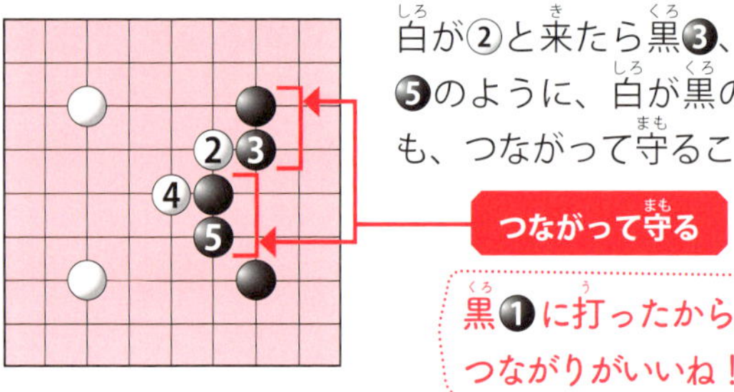
つながって守《まも》る

白《しろ》が②と来《き》たら黒《くろ》❸、白《しろ》が④と来《き》たら黒《くろ》❺のように、白《しろ》が黒《くろ》の地《じ》を荒《あ》らしに来《き》ても、つながって守《まも》ることができます。

黒《くろ》❶に打《う》ったから、
つながりがいいね！

じゃあ
こんな形《かたち》は
どうかな？

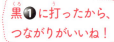

布石《ふせき》②

1

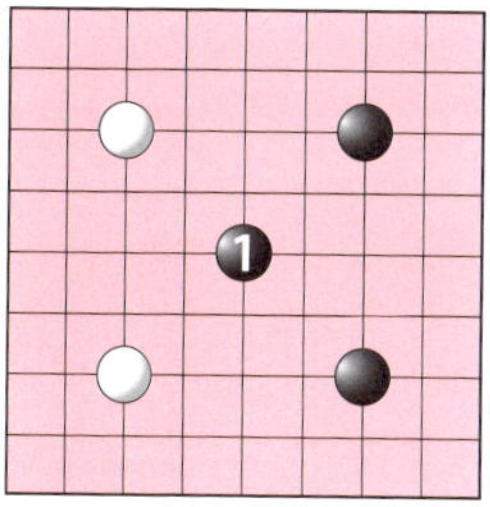

おたがいが四隅《よすみ》に打《う》ったあと、たとえば黒《くろ》❶と広《ひろ》げるように打《う》つと、どうなるか見《み》てみましょう。

2

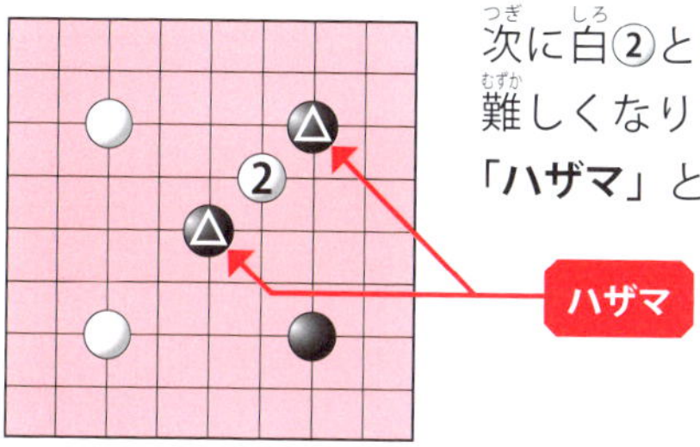
ハザマ

次《つぎ》に白《しろ》②と打《う》たれると、黒《くろ》はつながりが難《むずか》しくなります。**2つの▲の位置関係《いちかんけい》を「ハザマ」**と言《い》います。

3

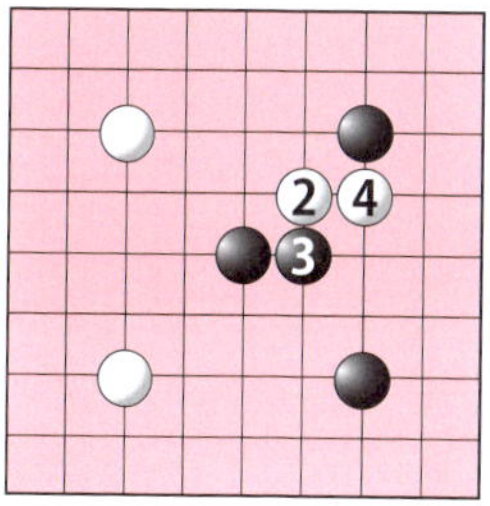

たとえば次に黒《くろ》❸に打《う》っても、さらに白《しろ》④と突破《とっぱ》されると、右辺《うへん》は黒地《くろじ》ではなくなってしまいます。

はっきりしたねらいを持《も》って打《う》つべきなんだね…

攻《せ》めの布石《ふせき》

黒《くろ》❶と打《う》つのは、別《べつ》の作戦《さくせん》としてありえます。**手《て》がたく自分《じぶん》の地《じ》を広《ひろ》げるのではなく、相手《あいて》の地《じ》を作《つく》らせないよう**に攻《せ》める方法《ほうほう》です。

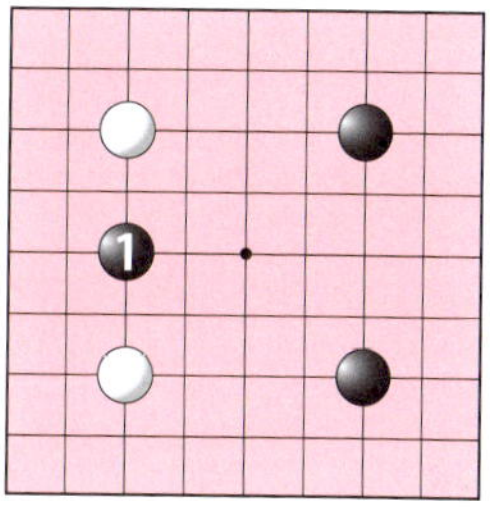

守《まも》るか攻《せ》めるか、自分《じぶん》の好《この》みで決《き》めよう！

パチッ
ぐ…
負《ま》けました
ありがとうございました
まず一勝《いっしょう》ですね
よし!!
これでアヤタカくんとモトヤくんのどちらかが勝《か》てば優勝《ゆうしょう》ね……!
あっダメ……!
あれじゃあ黒《くろ》に切《き》られて取《と》られてしまうわ

終盤《しゅうばん》①

対局《たいきょく》の進行《しんこう》を３つに分《わ》けると、序盤《じょばん》、中盤《ちゅうばん》、終盤《しゅうばん》と言《い》います。終盤《しゅうばん》はおたがいの境界線《きょうかいせん》を確定《かくてい》させる大事《だいじ》な段階《だんかい》です。

1

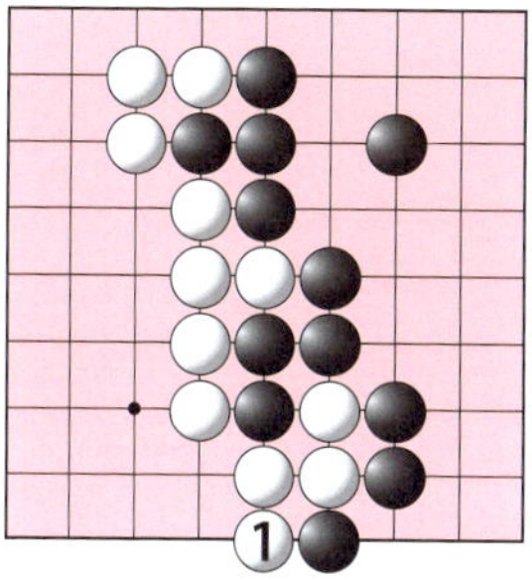
1

モトヤが打《う》ちこんだ白《しろ》①が、なぜ危険《きけん》な一手《いって》なのか考《かんが》えてみましょう。

2

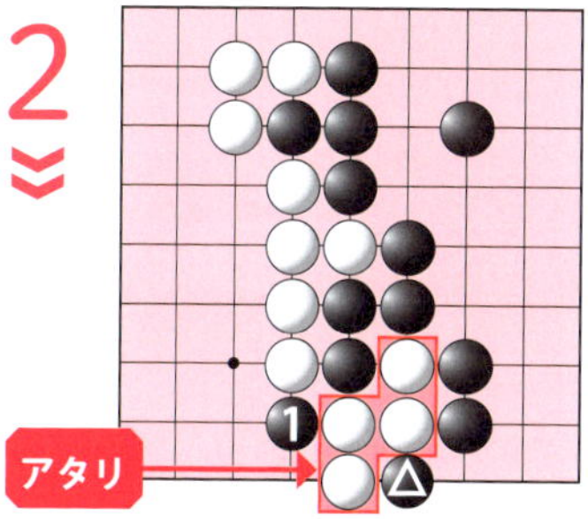
アタリ
1

相手《あいて》の黒《くろ》は△がアタリですが、**かまわず黒《くろ》❶と切《き》って白《しろ》４つをアタリにします。**

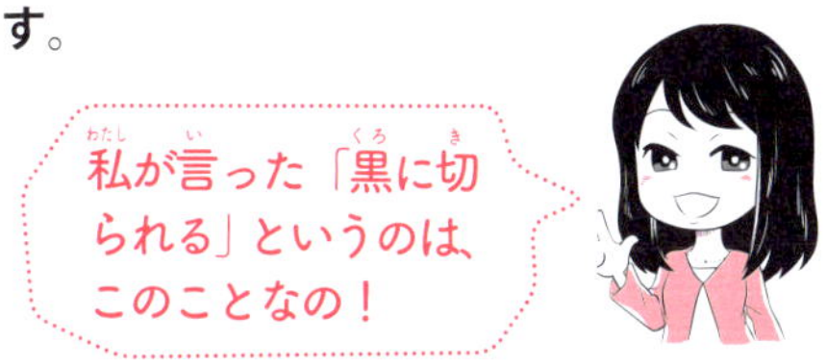
私《わたし》が言《い》った「黒《くろ》に切《き》られる」というのは、このことなの！

3

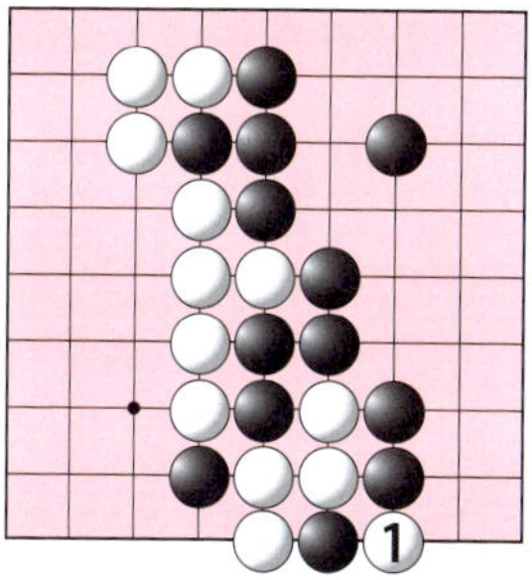
1

白《しろ》のモトヤが取《と》られないようにするためには、白《しろ》①と打《う》って黒《くろ》を取《と》るしかありません。

4

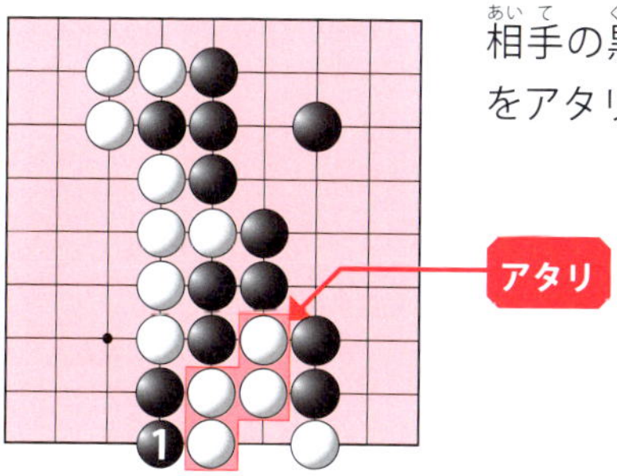
アタリ
1

相手《あいて》の黒《くろ》は黒《くろ》❶と打《う》って、また白《しろ》４つをアタリにしてきます。

← 次《つぎ》のページにつづくよ

終盤《しゅうばん》②

5

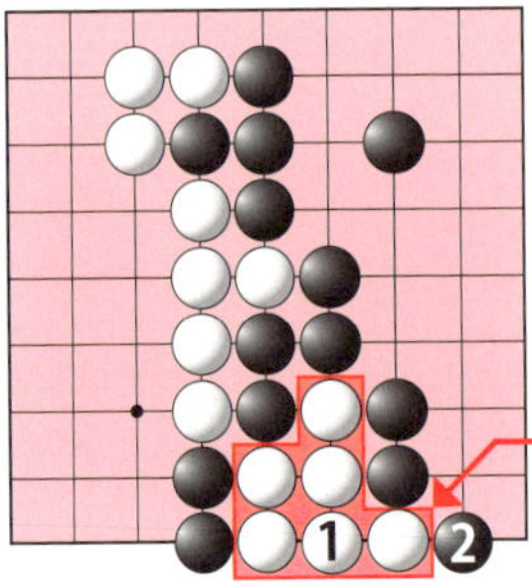

白《しろ》のモトヤは白《しろ》①と打《う》っても、丸《まる》ごとアタリ。相手《あいて》の黒《くろ》❷で全部《ぜんぶ》取《と》られてしまいました。

前《まえ》のページの最初《さいしょ》にもどって……白《しろ》のモトヤは、まず白《しろ》①と打《う》って断点《だんてん》（切《き》られる心配《しんぱい》のある場所《ばしょ》）をつないでおくべきでした。

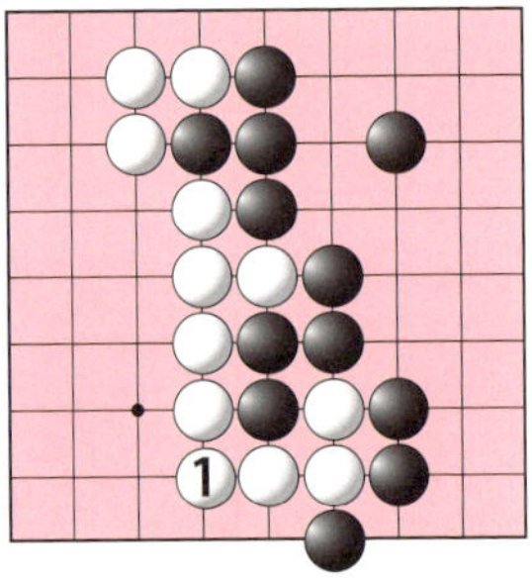

でも
勝負《しょうぶ》はまだ
つづいているわ
アヤタカくん
がんばって……！
ぐ……
ありゃ
アヤタカくんも
序盤《じょばん》から
中盤《ちゅうばん》にかけて
苦戦《くせん》している
ようだね
うむむ…
いえ！
きっと勝《か》てます
よ……！
うーん
いったい
どうすれば……
ドッ
ドッ
ドッ
あれ……っ!?

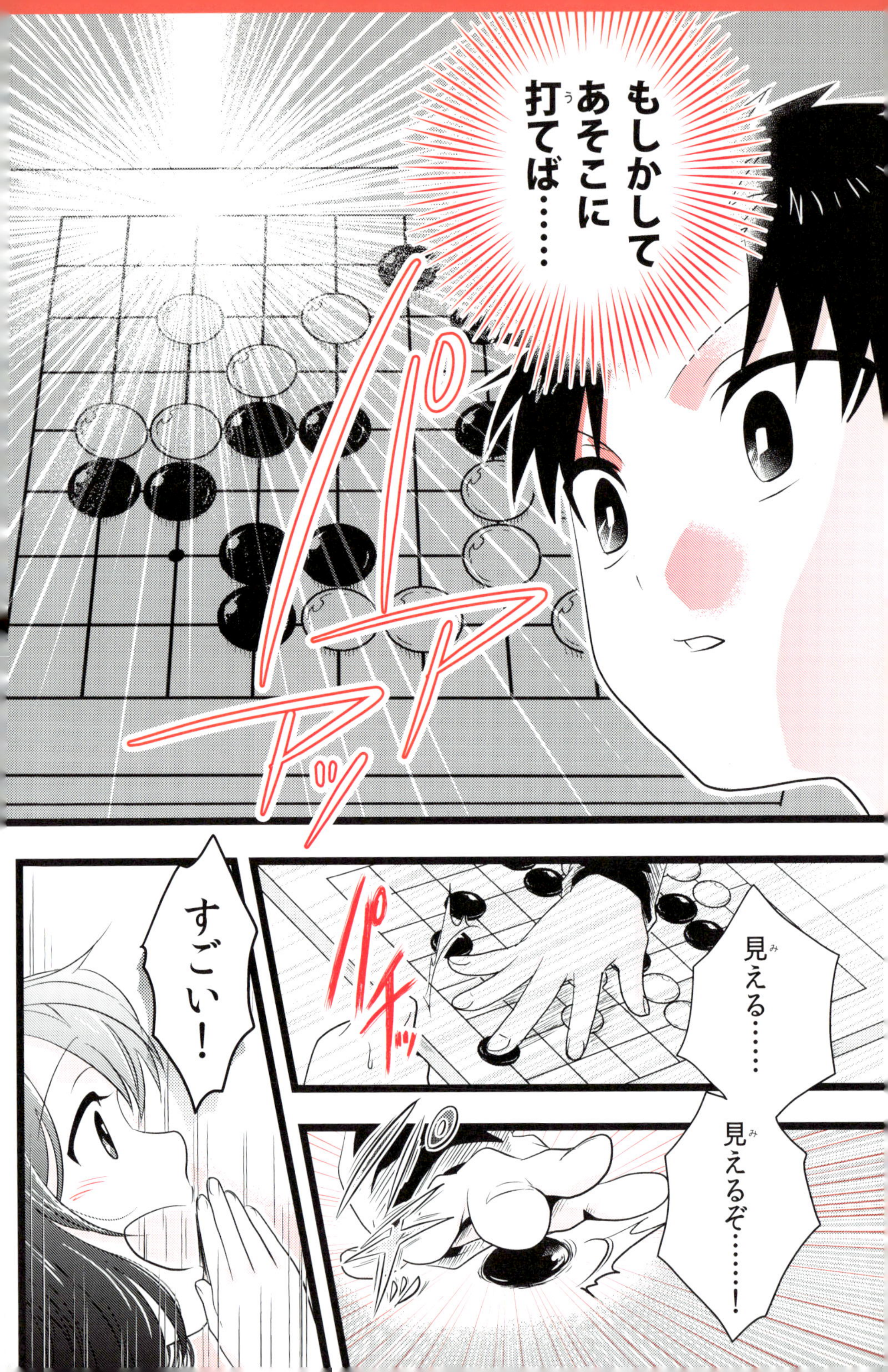
もしかして
あそこに
打《う》てば……
パアアッ
見《み》える……
パチッ
見《み》えるぞ……!
すごい!

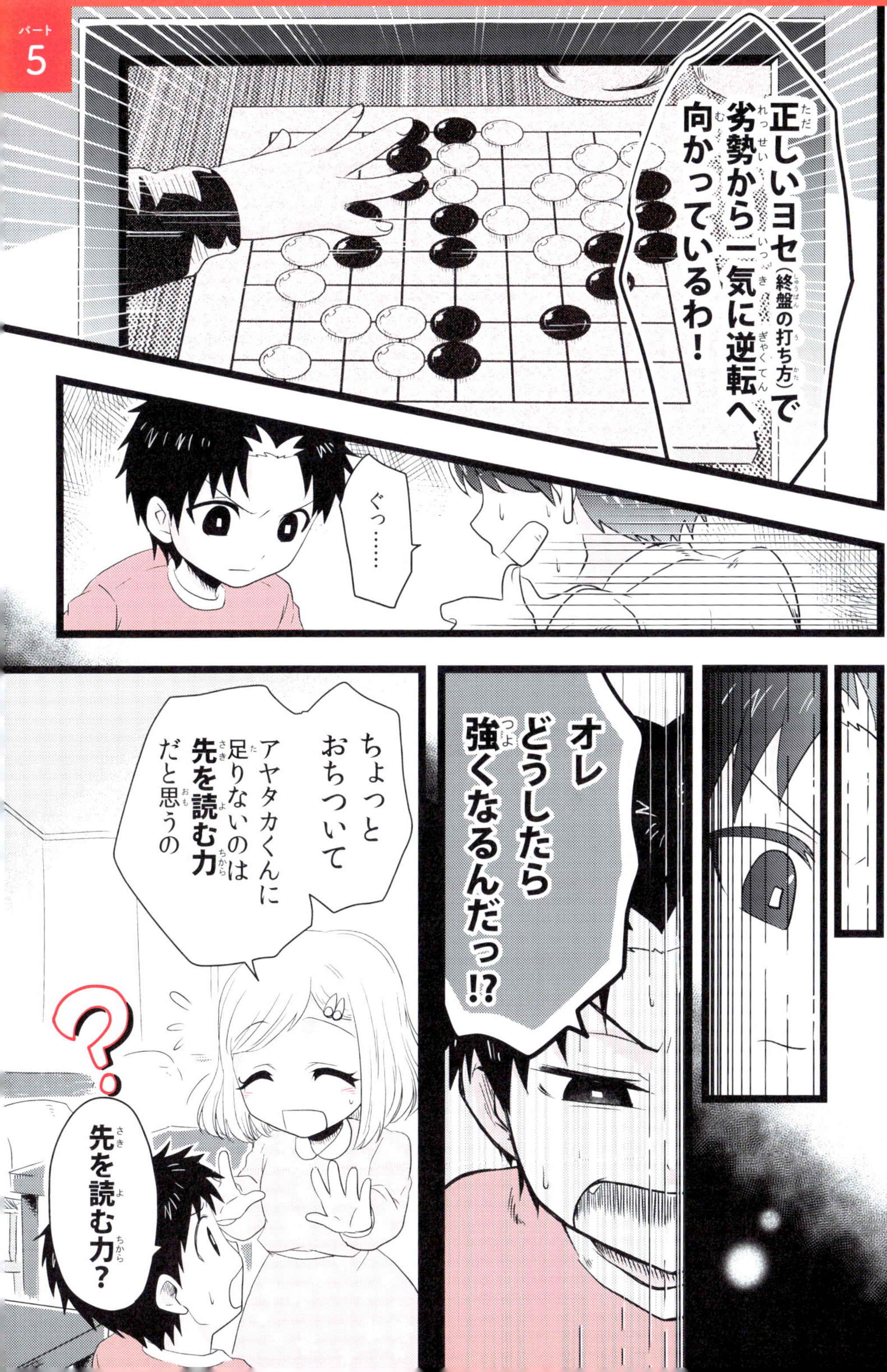
正《ただ》しいヨセ（終盤《しゅうばん》の打《う》ち方《かた》）で劣勢《れっせい》から一気《いっき》に逆転《ぎゃくてん》へ向《む》かっているわ！
ぐっ……
オレどうしたら強《つよ》くなるんだっ!?
ちょっとおちついてアヤタカくんに足《た》りないのは先《さき》を読《よ》む力《ちから》だと思《おも》うの
先《さき》を読《よ》む力《ちから》？

コクッ
いまの局面《きょくめん》をいま考《かんが》えていては勝《か》てるようにはならないわ
いつも何手《なんて》か先《さき》を読《よ》んで打《う》てるようにならないと
チラッ
ねえ いつもモトヤくんがなにをしているか知《し》ってる?
なにって……
囲碁問題集
あれは問題集《もんだいしゅう》をやっているのよ ある盤面《ばんめん》からどうすれば相手《あいて》に勝《か》てるか考《かんが》えるの
これで先《さき》を読《よ》む力《ちから》を鍛《きた》えることができるの
くわっ
なにぃ!?
やる! 今日《きょう》からやる!
でもねっ そのために……
これまでにおぼえた囲碁《いご》の基本《きほん》や手筋《てすじ》をしっかり身《み》につけていることが大切《たいせつ》なの
よしっ わかった!

あれから
半年《はんとし》……
ぎゅっ
アヤタカくんは
私《わたし》が言《い》ったことを
しっかりつづけて
たのね
カッ
これで
終《お》わりだ……
負《ま》けました……
ありがとう
ございました

小学生囲碁大会
ワッ
パチ
パチ
パチ
パチ
パチ
パチ
パチ
パチ
パチ
パチパチ
パチ
パチ
パチ
パチ
パチ
パチ

アヤタカくん
今日《きょう》はありがとう おかげで優勝《ゆうしょう》する ことができた
ぐるっ
なーに 言《い》ってるんだよ！
ビクッ
えっ⁉
これはチーム みんなの優勝《ゆうしょう》 なんだ

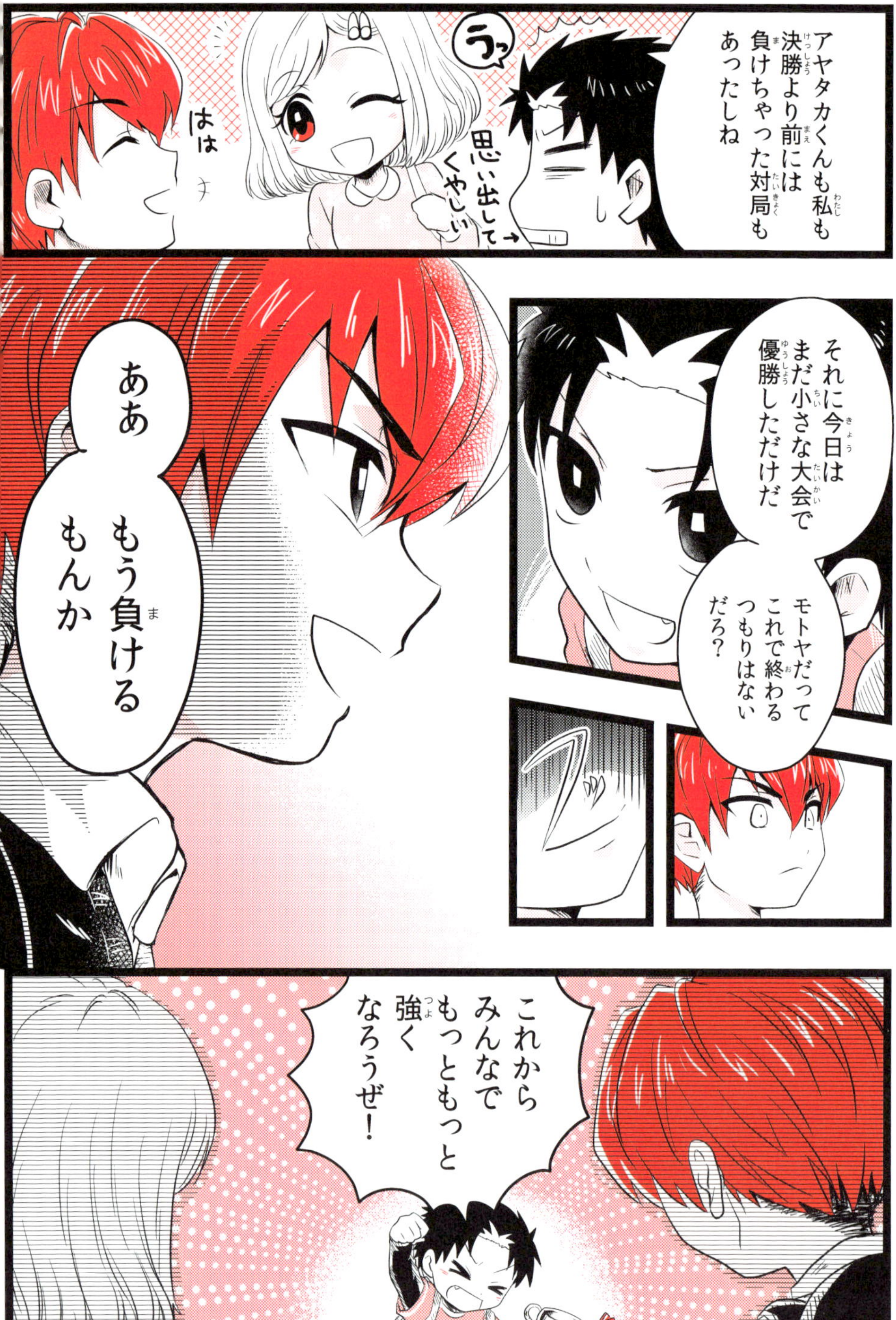
アヤタカくんも私《わたし》も決勝《けっしょう》より前《まえ》には負《ま》けちゃった対局《たいきょく》もあったしね
うっ
思い出してくやしい
はは
それに今日《きょう》はまだ小《ちい》さな大会《たいかい》で優勝《ゆうしょう》しただけだ
モトヤだってこれで終《お》わるつもりはないだろ?
ああ
もう負《ま》けるもんか
これからみんなでもっともっと強《つよ》くなろうぜ!

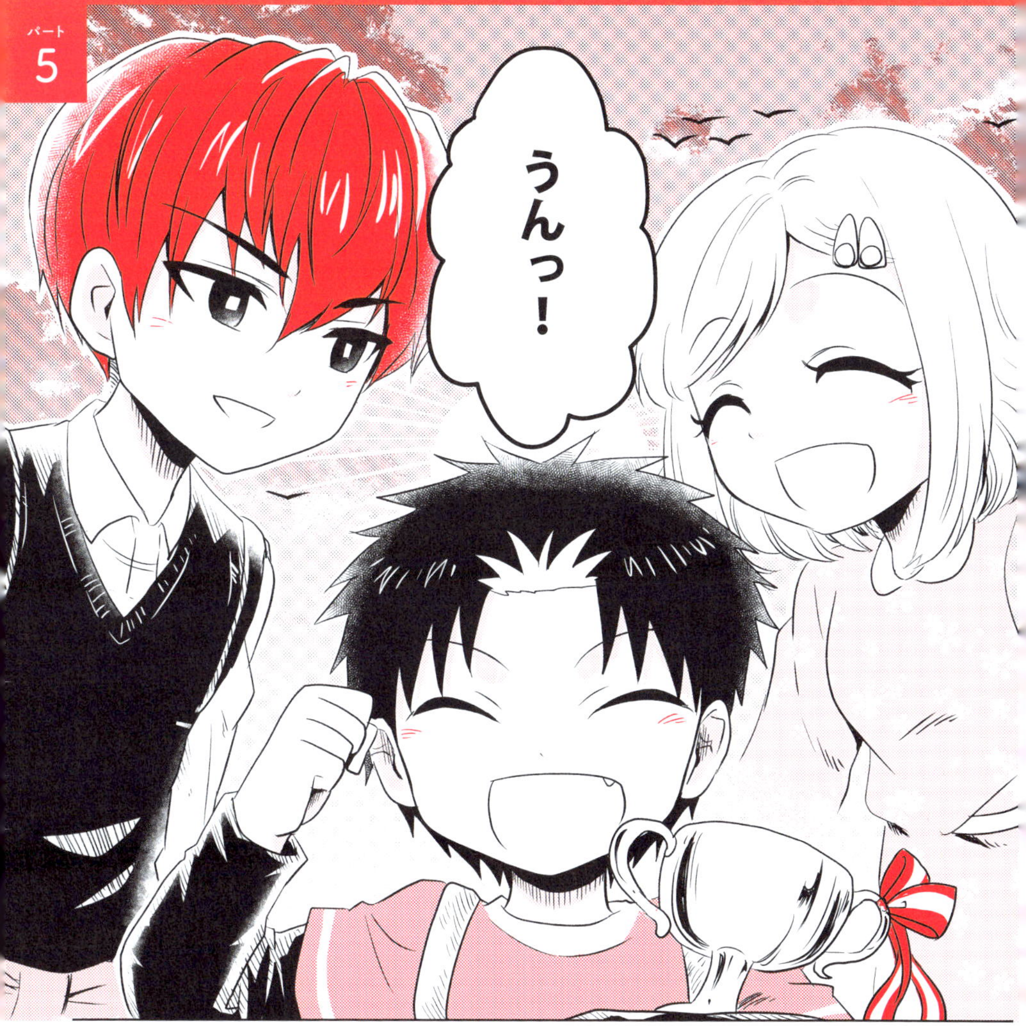

囲碁コラム

目指《めざ》せ！　小学生名人《しょうがくせいめいじん》

小学生《しょうがくせい》の囲碁大会《いごたいかい》はたくさん催《もよお》されています。一番大《いちばんおお》きな大会《たいかい》が「文部科学大臣杯《もんぶかがくだいじんはい》・少年少《しょうねんしょう》女《じょ》囲碁大会《いごたいかい》」です。各都道府県予選《かくとどうふけんよせん》で勝《か》ち抜《ぬ》いた代表《だいひょう》が集《あつ》まって、小学生《しょうがくせい》、中学生《ちゅうがくせい》の日本《にほん》一《いち》を決《き》めます。国民栄誉賞《こくみんえいよしょう》を受賞《じゅしょう》したプロ棋《き》士《し》・井山裕太《いやまゆうた》さんは、小学校《しょうがっこう》2年生《ねんせい》のとき小《しょう》学生名人《がくせいめいじん》になりました。男女《だんじょ》とも6年生《ねんせい》までいる大会《たいかい》で、2年生《ねんせい》での優勝《ゆうしょう》はすごいこと。もちろん最年少記録《さいねんしょうきろく》です。

囲碁《いご》の用具《ようぐ》と名前《なまえ》

囲碁《いご》は気軽《きがる》に楽《たの》しめるゲームで、必要《ひつよう》なものは「碁盤《ごばん》」「碁石《ごいし》」「碁笥《ごけ》」の3つがあればはじめることができます。碁盤《ごばん》とは四角形《しかくけい》の面《めん》にたくさん線《せん》が引《ひ》かれた盤《ばん》で、正式《せいしき》には縦横《たてよこ》19本《ほん》の線《せん》がある19路盤《ろばん》という大《おお》きな盤《ばん》を使《つか》います。しかしこの本《ほん》では、初心者用《しょしんしゃよう》の小《ちい》さい6路盤《ろばん》からルールを理解《りかい》しやすい9路盤《ろばん》をおもに使《つか》って解説《かいせつ》しています。

この碁盤《ごばん》の上《うえ》に、2人《ふたり》のプレイヤーが白《しろ》と黒《くろ》の碁石《ごいし》を打《う》って対戦《たいせん》します。碁笥《ごけ》とは、碁石《ごいし》を入《い》れる入《い》れもののことで、ゲーム中《ちゅう》はこの碁笥《ごけ》のふたも裏返《うらがえ》して使《つか》います。

碁盤《ごばん》の種類《しゅるい》

9路盤《ろばん》

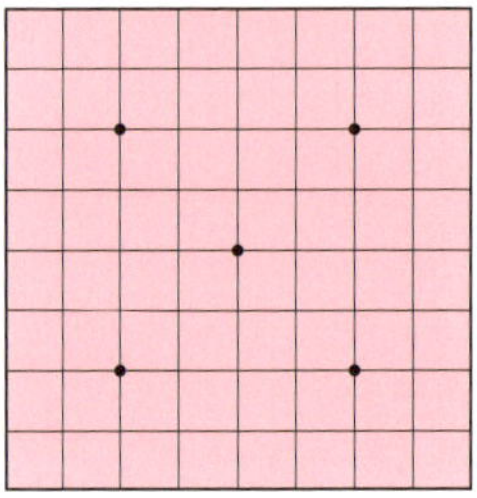

縦横《たてよこ》に9本《ほん》の線《せん》があって打《う》つ点《てん》が81か所《しょ》ある。ルールの理解《りかい》と実戦《じっせん》を重《かさ》ねるための盤《ばん》。

6路盤《ろばん》

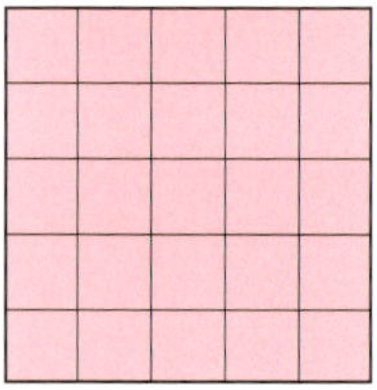

縦《たて》横《よこ》に6本《ぽん》の線《せん》があって打《う》つ点《てん》が36か所《しょ》ある。初心者《しょしんしゃ》のための一番小《いちばんちい》さい盤《ばん》。

19路盤《ろばん》

縦横《たてよこ》に19本《ほん》の線《せん》があって打《う》つ点《てん》が361か所《しょ》ある。盤面《ばんめん》が広《ひろ》いぶん、さまざまな戦《たたか》いができる。

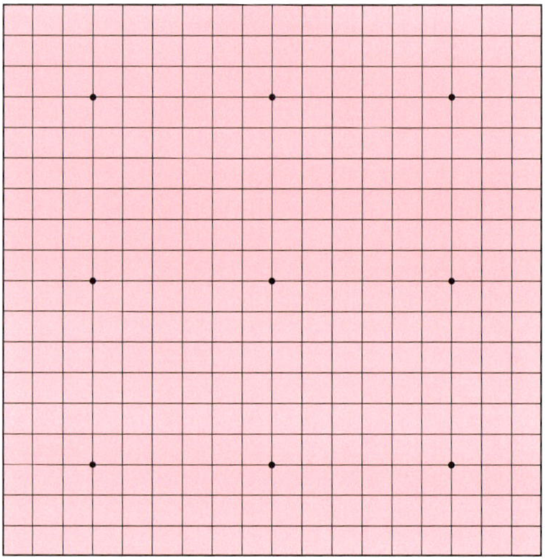

＊ そのほか、縦横《たてよこ》に13本《ぼん》の線《せん》があって打《う》つ点《てん》が169か所《しょ》の13路盤《ろばん》という盤《ばん》もあります。

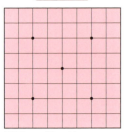

碁盤《ごばん》の名称《めいしょう》

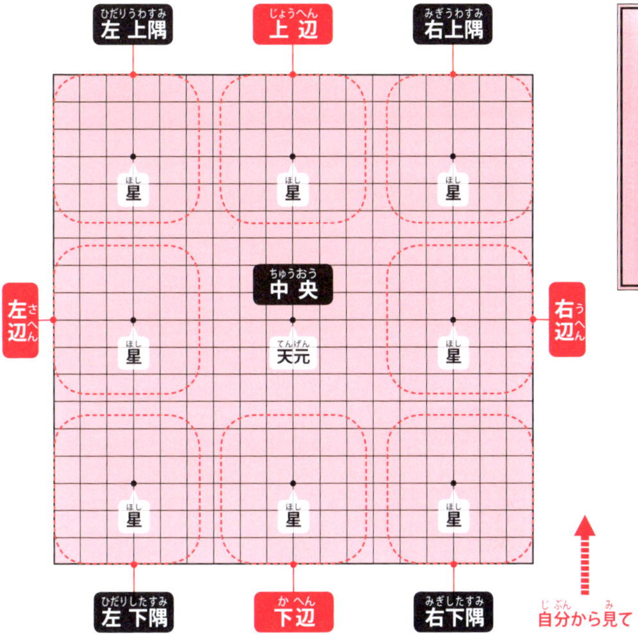

碁盤上《ごばんじょう》を表《あらわ》す言葉《ことば》には「隅《すみ》」と「辺《へん》」、「中央《ちゅうおう》」がある。隅《すみ》は四《よっ》つ（四隅《よすみ》と言《い》う）あり、それぞれ右上《みぎうえ》、右下《みぎした》、左上《ひだりうえ》、左下《ひだりした》というように方向《ほうこう》で表《あらわ》す。辺《へん》も四《よっ》つあり、こちらは上下左右《じょうげさゆう》の方向《ほうこう》で表《あらわ》す。中央《ちゅうおう》は、名前《なまえ》の通《とお》り中央部分《ちゅうおうぶぶん》のこと。

盤上《ばんじょう》の小《ち》さな黒丸《くろまる》がついている部分《ぶぶん》を「星《ほし》」と言う。中央《ちゅうおう》の星《ほし》は「天元《てんげん》」と言《い》う。

碁石《ごいし》と碁笥《ごけ》

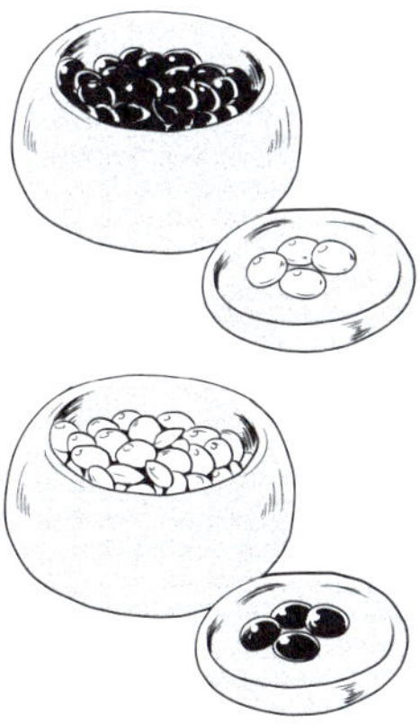

碁石《ごいし》には黒《くろ》と白《しろ》があり、それぞれ碁笥《ごけ》という容器《ようき》に入《はい》っている。対局中《たいきょくちゅう》は、碁笥《ごけ》のふたを裏返《うらがえ》して置《お》き、相手《あいて》から取《と》った石《いし》（アゲハマと言《い》う）を入《い》れておく。

碁盤上《ごばんじょう》の線《せん》

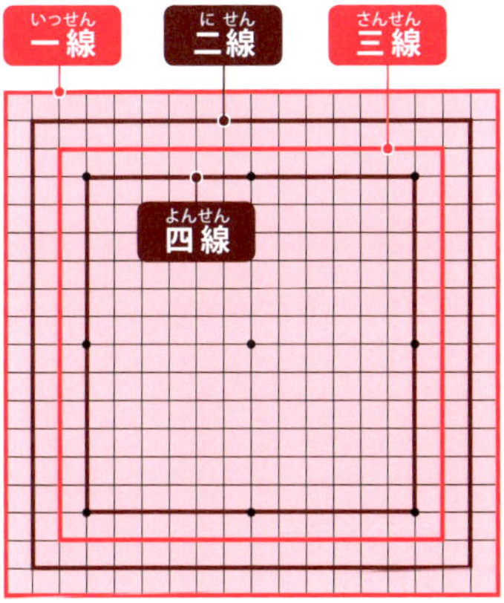

囲碁《いご》の解説《かいせつ》などで、石《いし》の位置《いち》を示《しめ》すときに「線《せん》」という言葉《ことば》を使《つか》う。碁盤《ごばん》の輪郭《りんかく》になっているところから一線《いっせん》、その中《なか》の線《せん》を二線《にせん》というように数《かぞ》える。だいたい四線《よんせん》くらいまではこの言《い》い方《かた》を使《つか》う。

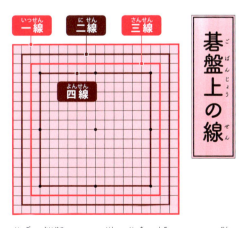

基本《きほん》のルール1

ルール① 石《いし》を線《せん》と線《せん》の交点《こうてん》に置《お》く

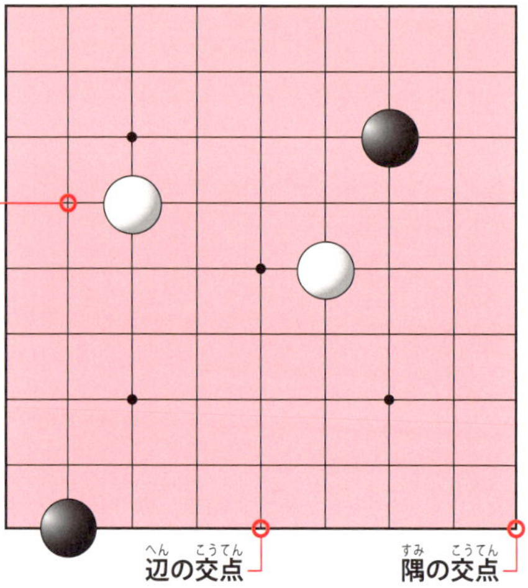

盤上《ばんじょう》の線《せん》と線《せん》が交《まじ》わる交点《こうてん》という場《ば》所《しょ》に石《いし》を置《お》く（打《う》つ）。交点《こうてん》からズレると、わかりにくくなるので注意《ちゅうい》。

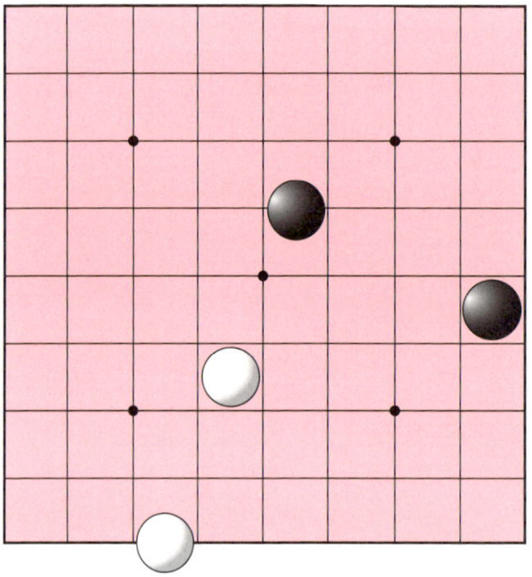

オセロや将棋《しょうぎ》などのようにマス目《め》の中《なか》に石《いし》を置《お》いたり、交点《こうてん》からズレた場《ば》所《しょ》に置《お》いてはいけない。

最初《さいしょ》におぼえておきたい囲碁《いご》の基本的《きほんてき》なルールは5つです。ひとつずつ紹介《しょうかい》していきますので、イメージをつかんでいきましょう。

①石《いし》を線《せん》と線《せん》の交点《こうてん》（交《まじ》わる点《てん》）に置《お》く。
②2人《ふたり》で交互《こうご》に石《いし》を打《う》つ。
③打《う》った石《いし》は動《うご》かせない。
④陣地《じんち》の多《おお》いほうが勝《か》ち。
⑤囲《かこ》った石《いし》を取《と》ることができる。

このうち①～③までをP128～129で、④と⑤をP130～131で解説《かいせつ》します。まずはこの5つをおぼえれば、安心《あんしん》してマンガを読《よ》み進《すす》めてもOKです。

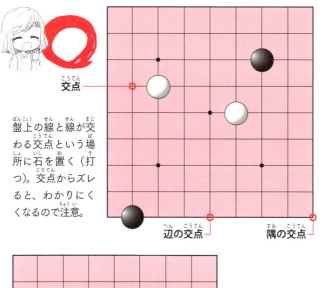

ルール ② 2人《ふたり》で交互《こうご》に石《いし》を打《う》つ

右《みぎ》の図《ず》は黒《くろ》❶→白《しろ》②→黒《くろ》❸→白《しろ》④と打《う》ってるね！

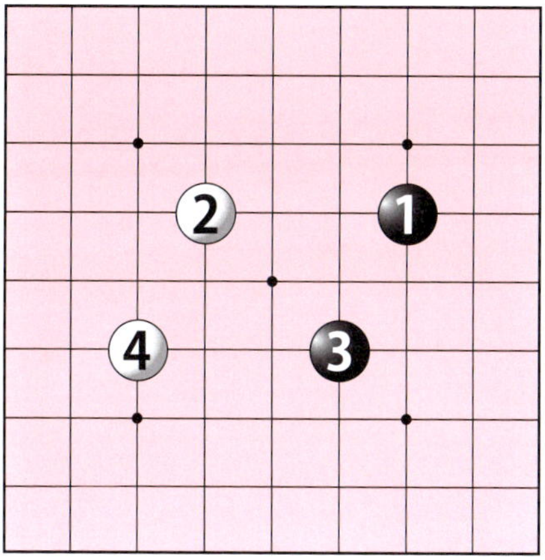

囲碁《いご》の対戦《たいせん》を「対局《たいきょく》」と言《い》い、対局《たいきょく》をはじめる前《まえ》にどちらが白石《しろいし》か黒石《くろいし》を持《も》つかを決《き》める（→ P132）。石《いし》が決《き》まったら、先手《せんて》（先《さき》に打《う》つ人《ひと》）の黒石《くろいし》から打《う》ち、後手《ごて》（後《あと》に打《う》つ人《ひと》）と、2人《ふたり》が交互《こうご》に打《う》つ。

ルール ③ 打《う》った石《いし》は動《うご》かせない

囲碁《いご》はオセロのようにひっくり返《かえ》したりはしないよ！

まちがえた～
やっぱりあっちに…
ダメ！

一度《いちど》打《う》った石《いし》は、そのあと別《べつ》の位置《いち》に動《うご》かすことはできない。石《いし》が指《ゆび》からはなれた時点《じてん》でその場所《ばしょ》に打《う》ったとみなされるので、しんちょうに打《う》とう。

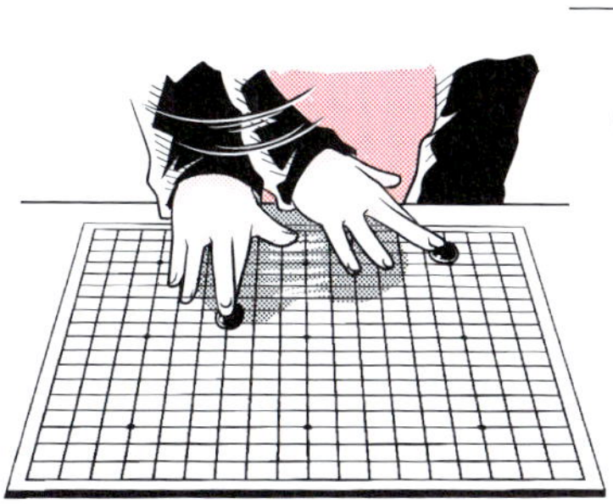

考《かんが》えている最中《さいちゅう》に石《いし》を持《も》ってはいけない。石《いし》を持《も》ったらすぐに打《う》つこと。

基本《きほん》のルール2

ルール④ 陣地《じんち》の多《おお》いほうが勝《か》ち

1

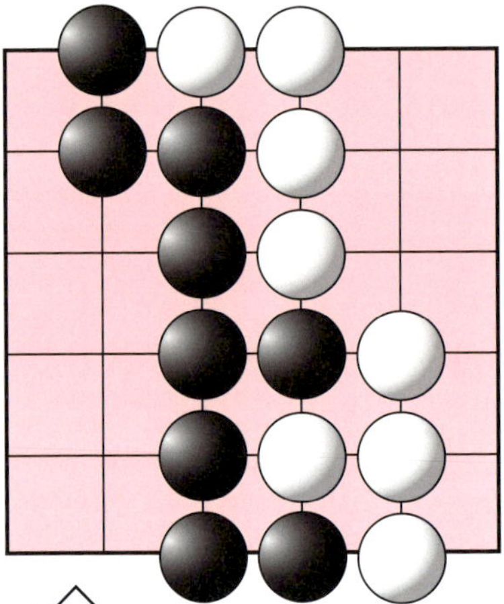

すべての空間《くうかん》がどちらかの地《じ》になって終局《しゅうきょく》した図《ず》。おたがいの地《じ》を数《かぞ》えて勝敗《しょうはい》を決《き》める。

2

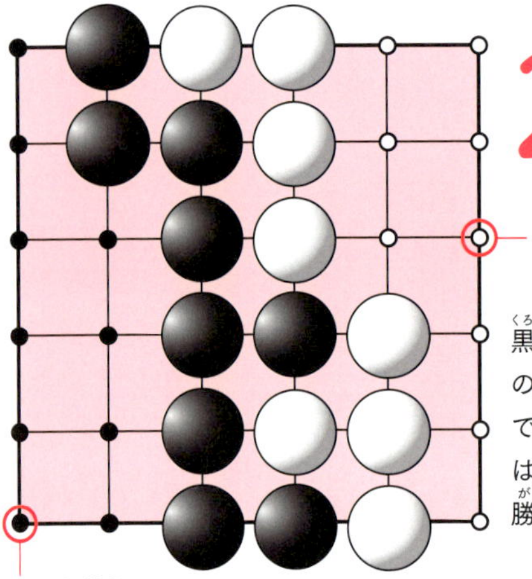
これを数える
これを数える

黒石《くろいし》で囲《かこ》んだ黒地《くろじ》の●は10目《もく》。白石《しろいし》で囲《かこ》んだ白地《しろじ》の○は9目《もく》。黒《くろ》の1目《いちもく》勝《が》ち。

勝敗《しょうはい》は盤上《ばんじょう》にある石《いし》の数《かず》ではなく「地《じ》の数《かず》」で決《き》まるのよ！

囲碁《いご》の5つの基本的《きほんてき》なルールの「④陣地《じんち》の多《おお》いほうが勝《か》ち」と、「⑤囲《かこ》った石《いし》を取《と》ることができる」を紹介《しょうかい》します。

囲碁《いご》は自分《じぶん》の石《いし》で囲《かこ》んだところが自分《じぶん》の陣地《じんち》（「地《じ》」と言《い》います）となり、囲碁《いご》の勝敗《しょうはい》はこの陣地《じんち》の広《ひろ》さで決《き》まります。「地《じ》」を数《かぞ》えるときは1目《いちもく》、2目《にもく》というように「目《もく》」という単位《たんい》を使《つか》うことをおぼえておきましょう。

また囲碁《いご》では、相手《あいて》の石《いし》を自分《じぶん》の石《いし》で囲《かこ》むと、その石《いし》を取《と》ることができます。自分《じぶん》の地《じ》をどうやって広《ひろ》げるか、相手《あいて》の石《いし》をどうやって取《と》るかなどを考《かんが》えることが囲碁《いご》の楽《たの》しさともいえます。

ルール⑤

囲《かこ》った石《いし》を取《と》ることができる

1

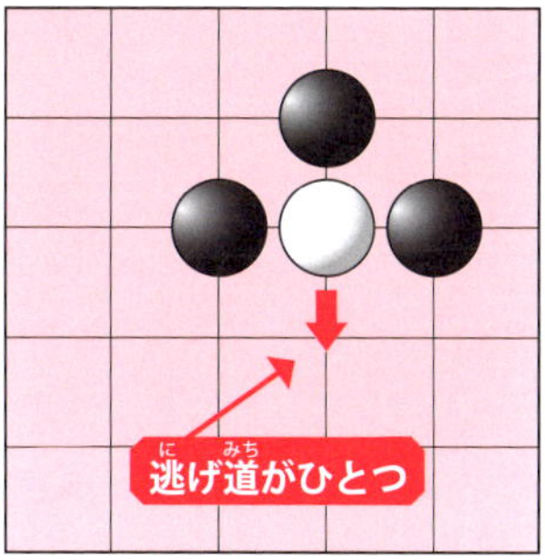

ひとつの石《いし》には上下左右《じょうげさゆう》（ナナメはなし）で逃《に》げ道《みち》があるが、この図《ず》では下《した》しか逃《に》げ道《みち》がない。

2

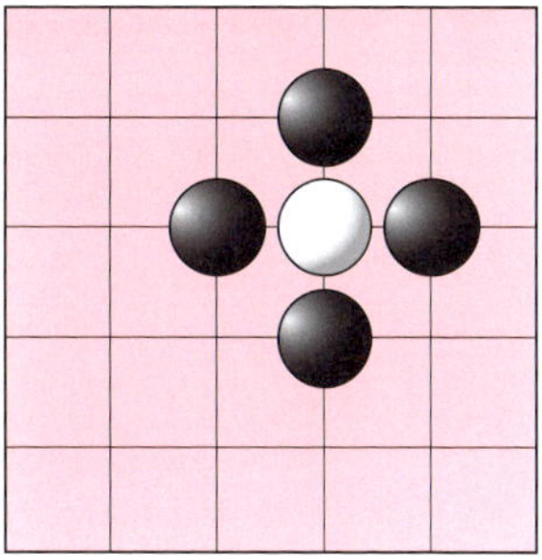

黒《くろ》が打《う》って最後《さいご》の逃《に》げ道《みち》をふさいだ状態《じょうたい》。

3

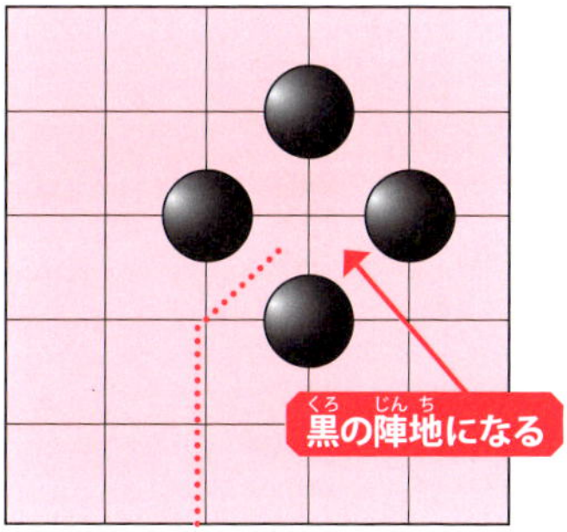

囲《かこ》んだ白石《しろいし》を取《と》り、黒《くろ》の陣地《じんち》が1目《もく》できた。

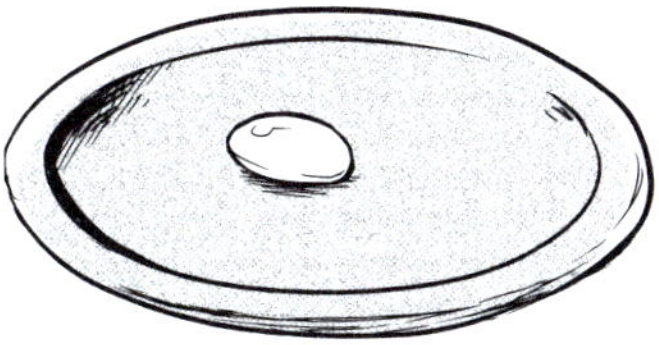

取《と》った石《いし》（アゲハマという）は碁笥《ごけ》のふたに置《お》く。

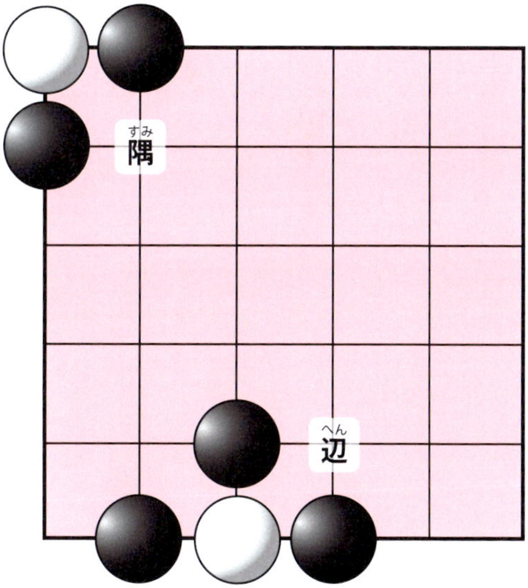

たとえば隅《すみ》にあるひとつの石《いし》は2つで、辺《へん》にある石《いし》は3つで取《と》ることができる。盤面《ばんめん》の外側《そとがわ》は壁《かべ》で、もとから逃《に》げ道《みち》がないとイメージする。

対《たい》局《きょく》の流《なが》れをおぼえよう

ニギリのやり方《かた》

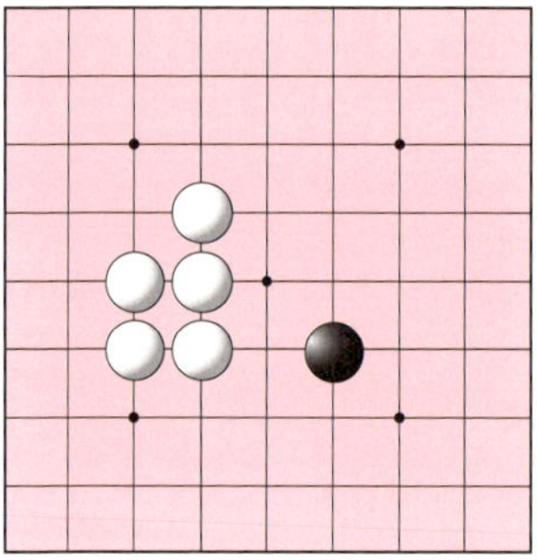

1 年齢《ねんれい》が上《うえ》の人《ひと》（わからないときは目《め》の前《まえ》に白石《しろいし》がある人《ひと》）が白石《しろいし》をひとつかみ取《と》ってにぎる。

2 もう一方《いっぽう》の人《ひと》が、白《しろ》がにぎっている石《いし》が奇数《きすう》か偶数《ぐうすう》かを予想《よそう》する。奇数《きすう》だと思《おも》ったら黒石《くろいし》をひとつ、偶数《ぐうすう》だと思《おも》ったら黒石《くろいし》を２つ碁盤《ごばん》の上《うえ》に置《お》く。

3 白《しろ》はにぎった白石《しろいし》を碁盤《ごばん》の上《うえ》で２個《こ》ずつの固《かた》まりにして並《なら》べる（ひとつ余《あま》ったら奇数《きすう》）。

4 黒石《くろいし》を置《お》いた人《ひと》が当《あ》たれば、黒番《くろばん》。はずれたら白《しろ》をにぎった人《ひと》が黒番《くろばん》になる。黒《くろ》が先番《せんばん》となって対局《たいきょく》を開始《かいし》。

＊囲《い》碁《ご》の強《つよ》さのレベルが同《おな》じくらいの人《ひと》との対局《たいきょく》を想定《そうてい》しています。

対局《たいきょく》の流《なが》れをかんたんに紹介《しょうかい》します。開始《かいし》のあいさつからはじまり、おたがいが気持《きも》ちよくゲームをできるように、作法《さほう》やルールを知《し》っておきましょう。

①席《せき》について一礼《いちれい》をする。

②ニギリで黒白《くろしろ》を決《き》め、使《つか》った石《いし》を碁笥《ごけ》にもどす。

③石《いし》を交換《こうかん》する場合《ばあい》は交換《こうかん》し、碁盤《ごばん》のわきに碁笥《ごけ》を置《お》く。

④「お願《ねが》いします」と一礼《いちれい》する。

⑤対局《たいきょく》する。

⑥おたがいに打《う》つところがなくなったら、終局《しゅうきょく》の意思《いし》を確認《かくにん》する（「終《お》わりですか？」「終《お》わりですね」）。

⑦交互《こうご》にダメをつめて境界線《きょうかいせん》をはっきりさせる。

⑧取《と》った石《いし》（アゲハマ）があれば、相手《あいて》の地《じ》に埋《う》める。

⑨おたがいに相手《あいて》の地《じ》を数《かぞ》えて勝敗《しょうはい》を確《かく》認《にん》する。

⑩「ありがとうございました」と一礼《いちれい》して、石《いし》を片付《かたづ》ける。

ダメをつめる

1

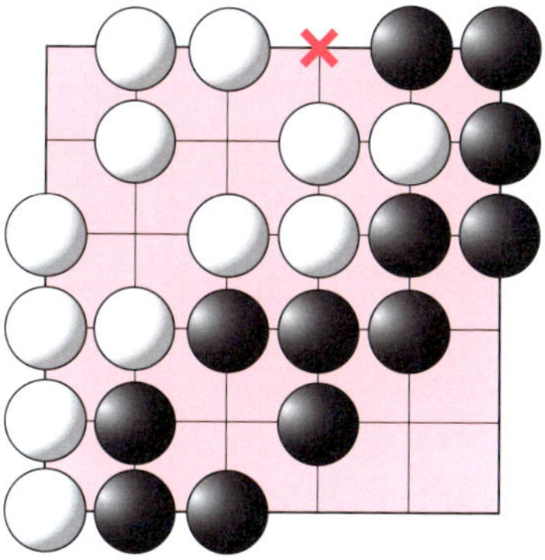

おたがいに打《う》つところがなくなった（打《う》っても地《じ》に影響《えいきょう》がない）状態《じょうたい》。黒《くろ》と白《しろ》の両方《りょうほう》に囲《かこ》まれた空間《くうかん》で、どちらの地《じ》でもないダメの場所《ばしょ》×がひとつある。

2

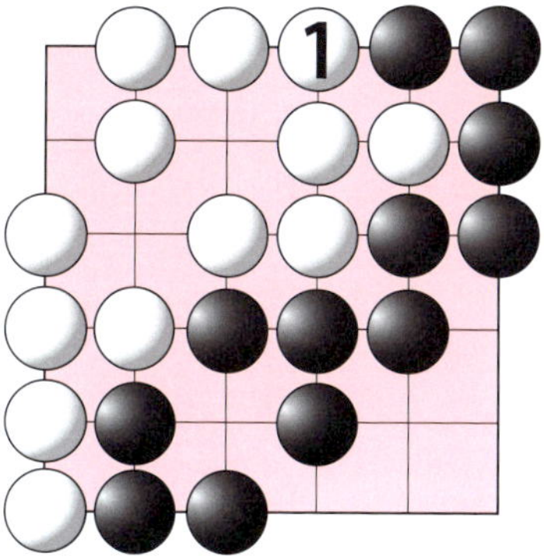

次《つぎ》は白《しろ》の番《ばん》なので、白《しろ》が白《しろ》①とダメに打《う》ち（つめ）、これですべての空間《くうかん》がどちらかの地《じ》になった。

アゲハマを埋《う》める

終局《しゅうきょく》の意思《いし》を確認《かくにん》する。おたがいに取《と》った石《いし》（アゲハマ）がある状態《じょうたい》。

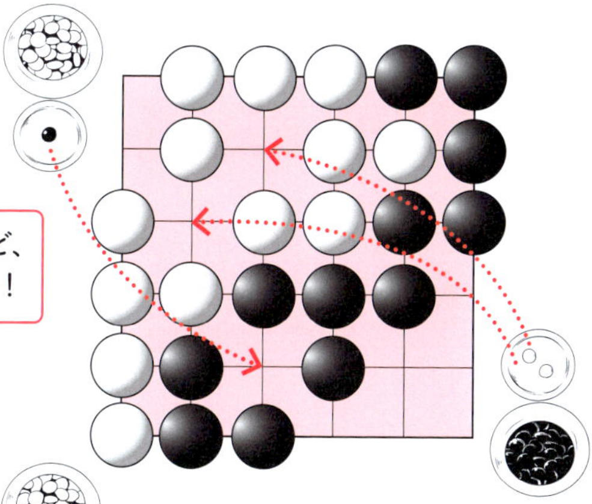

どこに埋《う》めてもいいけど、地《じ》を数《かぞ》えやすくしようね！

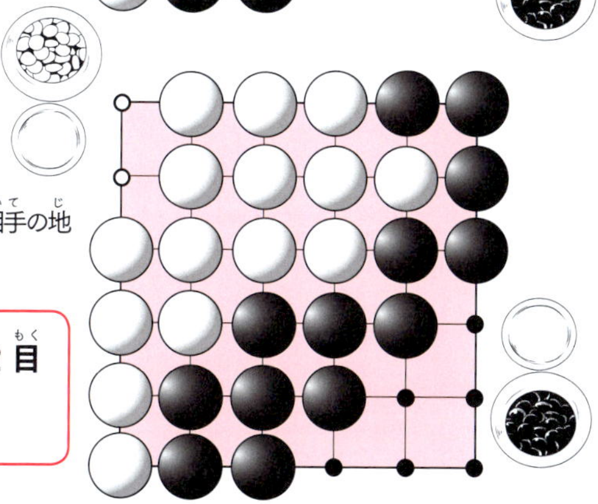

アゲハマを相手《あいて》の地《じ》に埋《う》めて、相手《あいて》の地《じ》を数《かぞ》えておたがいに確認《かくにん》する。

黒地《くろじ》●6目《もく》ー白地《しろじ》○2目《もく》
黒《くろ》の4目勝《もくが》ち！

用《よう》語《ご》解《かい》説《せつ》

アゲハマ［あげはま］囲《かこ》んで取《と》った石《いし》のこと。

アタリ［あたり］次《つぎ》の一手《いって》で石《いし》が取《と》られる状態《じょうたい》。

生き［いき］眼《め》が2つ以上《いじょう》あって取《と》られない石《いし》の状態《じょうたい》。

ウッテガエシ［うってがえし］相《あい》手《て》に自分《じぶん》の石《いし》をわざと取《と》らせたあと、相手《あいて》よりも多《おお》くの石《いし》を取《と》る方法《ほうほう》。

欠け眼［かけめ］眼《め》のようで、眼《め》ではない形《かたち》。

キリ・切る［きり・きる］石《いし》を切《き》り離《はな》すこと。

急所［きゅうしょ］攻撃《こうげき》されると形《かたち》が崩《くず》れたり眼《め》がうばわれるところ。自分《じぶん》が急所《きゅうしょ》を守《まも》れば安定《あんてい》した形《かたち》になる。

コウ［こう］黒《くろ》と白《しろ》が取《と》ったり取《と》られたりをくり返《かえ》してしまう形《かたち》。

交点［こうてん］碁盤上《ごばんじょう》の線《せん》と線《せん》が交《まじ》わる点《てん》。

碁笥［ごけ］碁石《ごいし》を入《い》れる容器《ようき》。

コスミ［こすみ］自分《じぶん》の石《いし》からナナメに打《う》つ手《て》。

碁盤［ごばん］囲碁《いご》を打《う》つときに使《つか》う四角《しかく》い盤《ばん》。

子［し］石《いし》を数《かぞ》えるときの単位《たんい》（本書《ほんしょ》では石《いし》をひとつ、2つ、1個《こ》、2個《こ》などと表現《ひょうげん》しています）。

地［じ］黒《くろ》と白《しろ》のそれぞれの陣地《じんち》のこと。

死に［しに］どうやっても取《と》られてしまう石《いし》の状態《じょうたい》。

終局［しゅうきょく］1局《きょく》の対局《たいきょく》が終《お》わること。

終盤［しゅうばん］対局《たいきょく》が終《お》わりに近《ちか》づいた段階《だんかい》。

陣地［じんち］石《いし》で囲《かこ》って獲得《かくとく》した場所《ばしょ》＝地《じ》。

隅［すみ］碁盤上《ごばんじょう》の角《かど》の周辺《しゅうへん》の部分《ぶぶん》。

セキ［せき］「引《ひ》き分《わ》け」を意味《いみ》し、先《さき》に打《う》ったほうが取《と》られてしまう形《かたち》。

席亭［せきてい］碁会所《ごかいしょ》の管理人《かんりにん》。

対局［たいきょく］囲碁《いご》を打《う》つこと。または試合《しあい》のこと。

互先［たがいせん］ハンデなしで打《う》つ対局《たいきょく》。

ダメ［だめ］黒白《くろしろ》どちらの陣地《じんち》でもなく、打《う》っても陣地《じんち》に影響《えいきょう》がない場所《ばしょ》。

着手禁止点［ちゃくしゅきんしてん］相手《あいて》に囲《かこ》まれていて打《う》つことができない場所《ばしょ》。

着手禁止点の例外［ちゃくしゅきんしてんのれいがい］本来《ほんらい》は打《う》てない場所《ばしょ》だが、相手《あいて》の石《いし》を取《と》れるときは打《う》ってもよいというルール。

中盤［ちゅうばん］序盤《じょばん》と終盤《しゅうばん》の間《あいだ》。おもに戦《たたか》いが起《お》こることが多《おお》い。

天元［てんげん］碁盤《ごばん》の中央《ちゅうおう》にある星《ほし》のこと。

二眼［にがん］眼《め》が2つあること。

ニギリ［にぎり］対局前《たいきょくまえ》に黒番《くろばん》か白番《しろばん》かを決《き》める方法《ほうほう》。

布石［ふせき］対局《たいきょく》の序盤戦《じょばんせん》のこと。

辺［へん］碁盤上《ごばんじょう》の角《かど》の周辺《しゅうへん》と中央《ちゅうおう》を抜《ぬ》いた部分《ぶぶん》。

星［ほし］碁盤上《ごばんじょう》の小《ちい》さな黒丸《くろまる》がつけられた場所《ばしょ》。

眼［め］生《い》きの形《かたち》を作《つく》るために必要《ひつよう》なもの。

目［もく］陣地《じんち》を数《かぞ》えるときの単位《たんい》。

ヨセ［よせ］対局《たいきょく》で、終盤《しゅうばん》の部分《ぶぶん》のこと。

連絡・連結［れんらく・れんけつ］つながること。

おわりに

この本《ほん》を手《て》に取《と》ってくれてありがとうございます。

碁《ご》を楽《たの》しめるようになりましたか？　そしてゲームに勝《か》ったときの喜《よろこ》びやうれしさ、負《ま》けたときのくやしさ、もっと囲《い》碁《ご》を知《し》りたいという気《き》持《も》ちになってきましたか？

この本《ほん》では、ルールやテクニックなどを6路《ろ》盤《ばん》や9路《ろ》盤《ばん》の小《ちい》さい盤《ばん》を使《つか》って説明《せつめい》をしてきました。そのほうが最初《さいしょ》のステップとしておぼえやすいからです。もちろん、このまま9路《ろ》盤《ばん》でもじゅうぶん囲《い》碁《ご》を楽《たの》しんでもらえますが、これまで学《まな》んだことを生《い》かして、これからは正式《せいしき》な19路《ろ》盤《ばん》にステップアップしてみてください。盤面《ばんめん》が広《ひろ》くなっても、基本《きほん》は同《おな》じです。19路《ろ》盤《ばん》のほうがより多《おお》くのお友《とも》だちと打《う》てるようになります。

碁《ご》はとても奥深《おくぶか》いゲームです。強《つよ》くなればなるほど、碁《ご》はおもしろくなっていきますので、これからも続《つづ》けて楽《たの》しんでくださいね。みなさんが碁《ご》で楽《たの》しい人生《じんせい》を送《おく》れるようになればこんな嬉《うれ》しいことはありません。

藤《ふじ》沢《さわ》里《り》菜《な》

監修者

藤沢里菜（ふじさわ りな）

1998年《ねん》9月《がつ》18日《にち》生《う》まれ。埼玉県出身《さいたまけんしゅっしん》。祖父《そふ》の故藤沢秀行名誉棋聖《こふじさわひでゆきめいよきせい》門下《もんか》。藤澤一就八段《ふじさわかずなりはちだん》は実父《じっぷ》。「文部科学大臣杯小中学校囲碁団体戦《もんぶかがくだいじんはいしょうちゅうがっこういごだんたいせん》」に小学《しょうがく》1年生《ねんせい》から出場《しゅつじょう》し3連覇《れんぱ》を飾《かざ》る。2010年入段《ねんにゅうだん》（11歳《さい》6ヶ月《かげつ》でプロ入《い》り。女流棋士特別採用最年少記録《じょりゅうきしとくべつさいようさいねんしょうきろく》）、2013年二段《ねんにだん》、2015年三《ねんさん》段《だん》、2018年四段《ねんよんだん》。女流本因坊《じょりゅうほんいんぼう》、女流立葵杯《じょりゅうたちあおいはい》、女流名人《じょりゅうめいじん》、女流最強《じょりゅうさいきょう》戦《せん》などのタイトル獲得《かくとく》ほか、17歳以下男女一緒《さいいかだんじょいっしょ》の棋戦《きせん》「イベロジャパン杯《はい》」で優勝《ゆうしょう》するなど活躍《かつやく》している。

制作スタッフ

マンガ・イラスト　薮乃《やぶの》 ラン
マンガ原作《げんさく》　岸《きし》 智志《さとし》（スタジオ ライティングハイ）
執筆協力《しっぴつきょうりょく》　内藤《ないとう》 由起子《ゆきこ》
編集協力《へんしゅうきょうりょく》　関根《せきね》 淳《まこと》（SOLONGO《ソロンゴ》 企画《きかく》）
本文《ほんもん》デザイン　熱田《あつた》 肇《はじめ》（志岐《しき》デザイン事務所《じむしょ》）
DTP　寺村《てらむら》 隆史《たかし》

---

012 ジュニア学習《がくしゅう》

マンガでよくわかる 囲碁入門《いごにゅうもん》

2019年5月24日　初版発行

監修者　藤沢里菜
発行者　伊東治行

発　行　**株式会社 大泉書店**
住　所　〒162-0805　東京都新宿区矢来町27
電　話　03-3260-4001（代）
F A X　03-3260-4074
振　替　00140-7-1742
印　刷・製　本
株式会社シナノ

URL http://www.oizumishoten.co.jp/

ISBN 978-4-278-05224-4　C0076

落丁、乱丁本は小社にてお取替えいたします。
本書の内容についてのご質問は、ハガキまたはFAXにてお願いいたします。